Educando seu bolso

DANIEL MEINBERG
EWERTON VELOSO
FREDERICO TORRES
LEANDRO NOVAIS
LÍVIA SENNA

Educando
seu bolso

Copyright © 2017 Daniel Meinberg, Ewerton Veloso, Frederico Torres, Leandro Novais e Lívia Senna
Copyright © 2017 Editora Gutenberg

Todos os direitos reservados pela Editora Gutenberg. Nenhuma parte desta publicação poderá ser reproduzida, seja por meios mecânicos, eletrônicos, seja via cópia xerográfica, sem a autorização prévia da Editora.

EDITORA
Silvia Tocci Masini

EDITORAS ASSISTENTES
Carol Christo
Nilce Xavier

ASSISTENTE EDITORIAL
Andresa Vidal Vilchenski

PREPARAÇÃO DE TEXTOS
Edison Veiga

REVISÃO FINAL
Andresa Vidal Vilchenski
Nilce Xavier

CAPA
Diogo Droschi
(sobre ilustração de Andrea De Santis)

DIAGRAMAÇÃO
Waldênia Alvarenga

Dados Internacionais de Catalogação na Publicação (CIP)
(Câmara Brasileira do Livro, SP, Brasil)

Educando seu bolso / Frederico Torres... [et al.]. -- Belo Horizonte : Editora Gutenberg, 2017.
Outros autores: Ewerton Veloso, Leandro Novais, Lívia Senna, Daniel Meinberg.

ISBN 978-85-8235-464-3

1. Educação - Finanças 2. Finanças 3. Finanças pessoais 4. Finanças - Planejamento 5. Investimentos I. Torres, Frederico. II. Veloso, Ewerton. III. Novais, Leandro. IV. Senna, Lívia. V. Meinberg, Daniel.

17-09783
CDD-332.6

Índices para catálogo sistemático:
1. Educação financeira : Economia 332.6

A **GUTENBERG** É UMA EDITORA DO **GRUPO AUTÊNTICA**

São Paulo
Av. Paulista, 2.073,
Conjunto Nacional, Horsa I
23º andar . Conj. 2310-2312
Cerqueira César . 01311-940 São Paulo . SP
Tel.: (55 11) 3034 4468

Belo Horizonte
Rua Carlos Turner, 420, Silveira .
31140-520
Belo Horizonte . MG
Tel.: (55 31) 3465 4500

Rio de Janeiro
Rua Debret, 23, sala 401
Centro . 20030-080
Rio de Janeiro . RJ
Tel.: (55 21) 3179 1975

www.editoragutenberg.com.br

Introdução

Delfim Netto disse que o bolso é a parte mais sensível do ser humano. Apesar de o famoso economista não ser unanimidade em nossa equipe, todos gostamos desta frase. Concordamos tanto com ela que o título do nosso blog e deste primeiro livro contém a palavra "bolso".

Quem não acha os temas financeiros chatos põe o dedo aqui! Pois é... Poderíamos continuar a brincadeira: quem não acha a maioria dos assuntos financeiros complicada? Quem não se sente desinformado ao tomar uma decisão financeira? Quem nunca se sentiu inseguro ao contratar produtos financeiros? Quem nunca teve que recorrer a um parente ou amigo para pedir auxílio em relação a assuntos financeiros? Quem nunca desconfiou das explicações de seu próprio gerente bancário ou das promessas de um corretor de imóveis? Quem já tentou se informar e não conseguiu, diante da dificuldade de se obter informação de boa qualidade e de fácil entendimento? Quem nunca pediu um conselho e recebeu uma resposta com tantos "dependes" que até desanimou? E por aí vai.

O livro *Educando seu bolso* surgiu da experiência do blog *Educando seu bolso*, um espaço criado por profissionais do mercado financeiro justamente para quem não é do mercado. Nosso objetivo sempre foi facilitar o relacionamento do cidadão comum com seu dinheiro, de forma rápida e objetiva e, principalmente, em linguagem acessível.

Chega de *financês*, chega de textos longos e abstratos! Aqui nós vamos direto ao ponto dizendo o que você deve fazer e como, baseado naquilo que nós mesmos fazemos ou faríamos.

Você verá que não existe uma distribuição sistemática dos assuntos pela equipe, isso se dá de forma natural, pela própria afinidade de cada um.

Daniel Meinberg, engenheiro, aborda o consumo de serviços financeiros de forma prática e crítica.

Ewerton Veloso, administrador, tem um pé nas ciências humanas e o outro nas finanças. Fala sobre como pessoas e famílias lidam com dinheiro.

Frederico Torres, economista, aborda questões cotidianas de forma bem prática, acessível e bem-humorada.

Leandro Novais, advogado, afeito a novidades, fala sobre o papel das finanças na vida das pessoas no mundo moderno.

Lívia Senna, pedagoga, traz um olhar sensível sobre a formação de bons hábitos de educação financeira na infância e na vida adulta, tanto no ambiente familiar quanto no escolar.

Finanças pessoais é um tema importantíssimo para dezenas de milhões de brasileiros. Ao mesmo tempo, não é algo simples. Buscamos sempre traduzir para o brasileiro comum as práticas e novidades do sistema financeiro de maneira que possa usar tais informações para melhorar a sua situação financeira.

Finalmente, é preciso afirmar nossa independência. Não somos pautados por nenhuma instituição financeira, não estamos aqui para vender nenhum produto ou serviço financeiro. Nosso principal objetivo é ajudá-lo a não fazer bobagens com o seu suado dinheirinho.

É um prazer contar com você como leitor – e esperamos que a recíproca seja verdadeira.

Forte abraço.

▌Sumário

Vamos começar pelo básico

11 A santíssima trindade da educação financeira

13 O vício em consumir

16 Como saber o que é necessário e o que é supérfluo?

18 Para onde vai o dinheiro?

20 O que importa?

22 Felicidade e finanças

24 Estamos tentando ficar ricos do jeito errado

26 Prescrições financeiras: algum cuidado é sempre bom

28 E aí, choveu?

Dívidas e como solucioná-las

33 Como sair do endividamento excessivo?

35 O bom endividamento

37 Dez coisas que as pessoas sem dívida fazem

41 Dívida faz mal à saúde

43 Comigo não, violão!

45 Cinco maneiras de se motivar a gastar menos

Agora, o futuro: poupar e investir

51 Investimentos e investidores

55 O valor do amanhã – em três historinhas

58 Como a geração Y cuida das suas finanças?

61 Qual o melhor investimento: LCI, LCA, CDB,
Letra de Câmbio...?

63 Aposentadoria e a regra do 1-3-6-9

66 Bitcoin: o que é isso? Vale a pena investir?

Pais, filhos e o dinheiro

73 Divertida mente

76 A nova geração tween e a relação com o dinheiro

79 Filhos

81 Aprendendo desde cedo

84 Crianças e jovens: mundo globalizado e o consumo

86 Vinte dicas para sua saúde financeira – e de suas crianças

88 Crise para menores

92 Mesada para os filhos: eis a questão

94 Jovens, riscos e sucesso financeiro

96 O dilema dos pais

A tecnologia pode me ajudar?

101 Big Brother financeiro

103 O que a internet tem a ver com seu dinheiro?

105 Compras pela internet

107 Economia compartilhada: entenda o que é e como funciona

109 Quando foi a última vez que você pisou em um banco?

111 Fintech: entendam o que são e como funcionam

113 Uma conta corrente sem tarifas

Você é livre e ao mesmo tempo responsável por suas decisões financeiras

117 De quem é a culpa?

120 Meu gerente não é lá muito meu amigo

122 Você corre na Esteira da Felicidade?

126 O taxista e a sabedoria popular

128 Mulheres, educação financeira e sapatos

131 Como é fácil ser milionário...

133 Minicasos da vida real: João Henrique

136 Minicasos da vida real: minha avó, Joana Dar'k

139 Os opostos se atraem e sobressaem

141 Livre-arbítrio

Vamos começar pelo básico

A SANTÍSSIMA TRINDADE DA EDUCAÇÃO FINANCEIRA

Frederico Torres

Outro dia, um amigo me perguntou quais seriam os pilares da boa educação financeira. Como pergunta boa tem de ser saboreada, parei para matutar um bocadinho antes de dar qualquer resposta.

Agora me arriscaria a lhe responder da seguinte forma: autoconhecimento, planejamento e disciplina formam um tripé muito sólido para a boa vida financeira.

Por que o autoconhecimento é importante? Porque somos seres humanos, temos as nossas particularidades, gostos e propensões a economizar ou gastar mais nisto ou naquilo. Pense bem, de que adianta eu dar conselhos sobre a inutilidade da compra de bens supérfluos, como sapatos de grife, sem considerar a eventual paixão de determinada pessoa por esses itens? Portanto, em primeiro lugar é preciso se conhecer e, com isso, saber onde gasta e o que o faz feliz. Afinal, dinheiro serve para trazer felicidade, e não dor de cabeça, não é mesmo?!

Baseados nesse autoconhecimento, passamos ao segundo pilar: planejamento. Se o que faz você feliz é ter o armário da Imelda Marcos, com milhares de pares de sapatos, planeje-se para isso. Avalie receitas e despesas, faça um orçamento que permita a você, daqui a algum tempo, abrir a porta do tal armário, encontrá-lo do jeito que sonhou. Simples, não?! Pois é, mas quase ninguém faz assim...

Finalmente, o terceiro item do tripé: exercite a disciplina no seu dia a dia. Sem ela, seu objetivo não será atingido. Como assim? Bom, se você se autoavaliou, parou para fazer um bom orçamento e se planejar, a disciplina nada mais é do que exercitar diariamente esse planejamento. Colocar em prática! Resumidamente, trata-se de gastar em um mês o valor mais próximo possível daquele que foi planejado. Rédeas curtas, nada de escapadinhas. Afinal, lembre-se: no fim do arco-íris tem um pote de ouro, ou melhor, um armário cheiíssimo de sapatos de grife!

O VÍCIO EM CONSUMIR

Ewerton Veloso

Só por hoje eu espero conseguir
Aceitar o que passou e o que virá.
(Renato Russo – *Só por hoje*)

Você certamente sabe que há milhões de pessoas viciadas em drogas, bebidas alcoólicas ou tabaco. Possivelmente já ouviu falar também em viciados em comida, jogos de azar ou sexo. Mas sabia que existem viciados em consumir? Viciados MESMO, pessoas que têm relação doentia com o hábito de comprar. Esse transtorno tem nome: oniomania.

As consequências desse tipo de vício não são difíceis de imaginar. A princípio, descontrole financeiro, endividamento exagerado, perda de patrimônio. Passado algum tempo, ansiedade, perda da dignidade, ruptura nas relações familiares, profissionais e de amizade.

No mundo atual, onde a regra é a superexposição ao consumo, a maioria de nós de vez em quando incorre em hábitos de compra pouco saudáveis. Outros exageram no consumo com mais frequência. Isso não quer dizer que a pessoa esteja viciada; talvez esteja apenas se deixando levar pelas campanhas de marketing.

Para quem pensa que pode estar perdendo o controle dos seus hábitos e quer refletir a respeito, existe uma lista de 15 perguntas:

1- Suas dívidas estão tornando sua vida familiar infeliz?

2- A pressão das suas dívidas distrai você do seu trabalho diário?

3- Suas dívidas estão afetando sua reputação?

4- Suas dívidas fazem você pensar menos de si mesmo?

5- Você já deu informações falsas a fim de obter crédito?

6- Você já fez promessas falsas a seus credores?

7- A pressão de suas dívidas faz você se desleixar do bem-estar da sua família?

8- Você tem medo que o seu patrão, sua família ou seus amigos saibam a extensão total de suas dívidas?

9- Quando você se depara com uma dificuldade financeira, a perspectiva de um empréstimo lhe dá uma sensação de alívio?

10- A pressão de suas dívidas lhe causa dificuldades para dormir?

11- A pressão de suas dívidas já fez você pensar em se embebedar?

12- Você já pegou dinheiro emprestado sem dar a devida consideração à taxa de juros que será obrigado a pagar?

13- Você geralmente espera uma resposta negativa quando é submetido a investigação de crédito?

14- Você já desenvolveu um plano rígido para pagamento de seus débitos, e rompeu isto sob pressão?

15- Você justifica suas dívidas falando para si mesmo que é superior às outras pessoas, e que sairá das dívidas da noite para o dia?

Essa lista foi preparada pela irmandade Devedores Anônimos, formada por pessoas que identificaram em si o vício pelo consumo e que se ajudam mutuamente a controlar a compulsão. É estruturada de forma semelhante à dos Alcoólicos Anônimos. Segundo a irmandade, caso a pessoa responda "sim" a pelo menos oito perguntas, é recomendável ficar atento.

Existem inúmeros outros sintomas de hábitos de consumo pouco saudáveis. Eis alguns deles:

- Sentir euforia ou alívio quando está realizando uma compra.
- Ficar arrependido e com remorso após a compra.
- Não refletir sobre a real necessidade de adquirir algo.
- Irritar-se quando não consegue comprar imediatamente o que deseja.
- Perder interesse pelo objeto comprado pouco depois de adquiri-lo.
- Conviver naturalmente com empréstimos bancários sucessivos ou simultâneos.
- Ser alertado por parentes e amigos sobre maus hábitos de consumo.

- Comprar objetos e não usá-los.
- Não saber ao certo quanto dinheiro tem e quanto deve.
- Deixar de pagar algo essencial para poder comprar algo supérfluo.

Não custa refletir um pouco sobre os hábitos descritos e analisar se você se enquadra neles, mas seja sincero consigo mesmo. Consumir é uma necessidade natural e deve ser algo saudável.

COMO SABER O QUE É NECESSÁRIO E O QUE É SUPÉRFLUO?

Ewerton Veloso

Desejo, necessidade, vontade...
(Arnaldo Antunes — *Comida*)

Qualquer pessoa que deseje melhorar sua situação financeira deve, necessariamente, conhecer seus gastos. A maioria dos programas de gerenciamento de finanças pessoais sugere, em certo ponto, que façamos um julgamento, digamos, moral das nossas despesas: é necessário ou é supérfluo?

É claro que esse julgamento é subjetivo e muito particular, já que se comunica diretamente com nossos valores. Mas a subjetividade precisa de limites, caso contrário cairemos em um vale-tudo que não nos levará a lugar algum. Para tratar do assunto, recorro a duas situações recentes que presenciei em sala de aula.

A primeira delas ocorreu em um curso de finanças pessoais. Quando falávamos sobre a distinção entre necessário e supérfluo, um colega declarou que, para ele, ter café expresso em casa é uma necessidade. Entendo o que ele quis dizer, mas não concordo.

Partindo para o pantanoso terreno da especulação, suponhamos que ele gaste uns R$ 150 mensais com o tal café — umas duas ou três cápsulas por dia. É um sujeito bem empregado, organizado, sei que isso não afeta em nada suas economias. Além disso — e aí mora o principal —, ele realmente adora café. Eu não estou, em absoluto, condenando o hábito dele, mas me recuso a classificar café expresso como necessário. Ao meu colega pode até parecer que sim, levando em conta que existe quase uma devoção e que não há perspectiva de que algum dia ele precise abrir mão de seu café expresso por razões financeiras. Mas, insisto: necessário não é.

A outra situação ocorreu quando eu conversava com meus alunos sobre finanças pessoais. A certa altura, pedi que levantassem a mão os que usavam aparelho ortodôntico. Uns seis ou sete levantaram. Em seguida, perguntei quais deles usavam o aparelho para fins estéticos. Uma aluna levantou timidamente a mão, outras duas alegaram defensivamente que havia razões fisiológicas, outros ficaram calados.

A expectativa da turma era a de que eu classificasse o aparelho como supérfluo. Para a surpresa de alguns e alívio de outros, afirmei que, em minha opinião – e ressaltei que era apenas minha opinião –, ele é uma necessidade, porque pode devolver a autoestima. Imediatamente, dois alunos que estavam em silêncio confirmaram que, antes de usar o aparelho, eles tinham vergonha de sorrir, e agora não tinham mais. "Então", completei, "alguém vai me dizer que isso é supérfluo?".

Este é o dilema do necessário e do supérfluo. Algumas vezes, a questão é semântica – é possível que eu e aquele meu colega do café pensemos exatamente da mesma forma sobre o hábito dele; mas eu prefiro chamar de supérfluo e ele, de necessário. Outras vezes é questão de opinião. E, muitas vezes, é questão de prioridade. Digamos que o aparelho ortodôntico seja necessário e que o material escolar do seu filho também o seja. Qual dos dois é mais importante? Eu diria que, em princípio, é o material escolar. Caso a pessoa precise sacrificar um dos dois, sacrifique-se o aparelho. Que nem por isso deixa de ser necessário.

A pergunta que intitula este texto permanece sem resposta exata. Não era minha pretensão respondê-la, mas, sim, convidar o leitor à reflexão, sem cair na permissividade e sem se prender a uma austeridade exagerada.

PARA ONDE VAI O DINHEIRO?

Ewerton Veloso

I'm starting with the man in the mirror
I'm asking him to change his ways.
(Michael Jackson – *Man in the mirror*)

Uma das principais atitudes no gerenciamento de finanças pessoais é conhecer os próprios gastos. Isso significa saber para onde o dinheiro está indo, o quanto se gasta com cada tipo de despesa, desde a prestação do apartamento até aqueles gastos que a pessoa "nem percebe". É, aquelas notinhas de R$ 5 ou de R$ 10 que saem discretamente da carteira e se transformam em um lanche, uma cerveja ou uma corrida de táxi e que, no final do mês, talvez signifiquem a diferença entre poupar ou entrar no cheque especial.

Não há segredo: o jeito é anotar tudo. E é importante que isso não seja um sacrifício sem sentido, porque senão a pessoa simplesmente não o fará. Se ela acha muito chato, é preciso que pelo menos veja sentido nessa tarefa e possa dizer para si mesma: "estou fazendo esse troço chato, mas é por uma boa causa".

Eu faço meu controle em uma planilha do Excel, que atualizo praticamente todos os dias, pela manhã. Demoro uns 5 minutos por dia. As despesas pagas com cheques – que uso cada vez menos – são fáceis de controlar. Basta anotar no canhoto e depois registrar na planilha. As compras feitas presencialmente com cartões de crédito ou débito também são fáceis. Basta solicitar aquele recibo que sai da máquina do cartão e registrar na planilha.

Compras via internet requerem um pouco mais de disciplina, já que elas não emitem o recibo. É preciso que a pessoa anote em algum lugar – os aplicativos de notas ou lembretes dos smartphones são úteis para isso: para não se esquecer.

Já as compras feitas com dinheiro vivo são as mais complicadas, porque, além de não terem recibo, são as que, muitas vezes, fazemos sem perceber. O jeito é, novamente, achar alguma forma de anotar – ou confiar na própria memória.

Eu lanço na planilha tudo o que sai da minha carteira. Há quem me chame de neurótico ou de pão-duro pelo fato de registrar até aqueles R$ 2 gastos na padaria. Contudo, não acho que seja neurose nem pão-durismo. O mesmo trabalho que eu tenho ao registrar R$ 2, tenho para registrar R$ 50. Porém, se algum dia eu não me lembrar de onde gastei os R$ 2, não perco tempo tentando. Lanço na planilha: "Outros – R$2,00" e bola pra frente (na minha planilha, "Outros" é sinônimo de "Sei lá"). Mas se um dia eu não me lembrar de onde gastei R$ 50, me esforço até conseguir. Só gasto tempo com o que é relevante.

Depois de lançados os gastos, é hora de agrupá-los em grandes categorias, para facilitar aquilo que foi dito no primeiro parágrafo: saber para onde o dinheiro está indo. Essas categorias variam de pessoa para pessoa. Eu, por exemplo, lanço supermercado, padaria e feira na mesma categoria; lanço as despesas do meu filho – mesada, ônibus, lanche, livros – em uma categoria só. Mas separo os restaurantes dos dias úteis – despesas de trabalho – e os de fim de semana. Isso faz mais sentido para mim. Cabe a cada pessoa entender seu perfil, criar um método e ir aperfeiçoando-o com o tempo.

O QUE IMPORTA?

Ewerton Veloso

Não se iludam
Não me iludo
Tudo agora mesmo pode estar por um segundo.
(Gilberto Gil – *Tempo Rei*)

Cuido das minhas finanças pessoais com dedicação há mais de 10 anos. Tenho uma planilha Excel com várias abas, onde controlo minha conta corrente, meus gastos em dinheiro e em cartão de crédito, meus investimentos e também minhas dívidas. E tudo isso para quê? Bem, há efeitos bastante claros, a curto e a médio prazos.

No curto prazo, todo esse zelo faz com que eu não atrase pagamentos, não entre no cheque especial ou no rotativo do cartão de crédito, escolha os investimentos adequados e as melhores datas para comprar. Juntando uns reais economizados aqui e ali, isso dá um dinheirinho ao final do ano.

A médio prazo, a organização me traz autoconhecimento, me inspira a disciplina e me permite o planejamento, ou seja, permite que eu construa os pilares da boa gestão de finanças pessoais. Com isso, eu posso ajustar meu padrão de consumo, fazer de forma segura os investimentos mais significativos e viver sem grandes sustos em relação ao dinheiro.

Em um domingo recente, meu filho de 19 anos foi assaltado. Levaram a mochila, que tinha celular, documentos, cartão de crédito e algumas roupas. Ficamos, os dois, pensando várias coisas ao mesmo tempo. Pensando que o mais importante é que não houve violência física. Pensando nos vários "se" que poderiam ter evitado o roubo. Pensando que, nesse mundo, é muito pior ser bandido do que ser vítima. Pensando no valor do prejuízo.

O prejuízo possivelmente equivale ao que eu economizo em meses de zelo com as datas de pagamentos, escolhas de investimentos, tudo aquilo que chamei de "curto prazo" no início do texto. E então? Será, portanto, que não faz sentido ter tanto zelo para economizar uns tostões, se de repente acontece algo que me custa muito mais? É claro que faz sentido. Não apenas pela economia do curto prazo, mas, principalmente, porque esse cuidado possibilita estar mais preparado para contratempos.

Chegamos em casa, meu filho pegou o celular velho, com a tela quebrada, e disse que iria usá-lo até providenciar outro. Eu o aconselhei a comprar outro logo, disse que o ajudaria a pagar. O melhor era reparar todas as perdas o mais rápido possível. Assimilar o prejuízo financeiro, esquecer aquilo e bola pra frente.

A vida é um constante jogo de bola pra frente. O que importa em finanças pessoais é transformar dinheiro em parceiro, não em problema. É poder ter sonhos materiais e realizá-los. É não perder tempo se preocupando com problemas causados pelo descontrole nos gastos. É poder ter soluções rápidas para os imprevistos. Afinal, como disse Guimarães Rosa, "viver é negócio muito perigoso".

De uma hora para outra, somos surpreendidos por um roubo, um furto, uma batidinha no carro, uma máquina que estraga... A educação financeira serve para deixar todos esses problemas do tamanho que eles são: pequenos. Serve para deixar tempo, mente e alma livres para cuidar daquilo que realmente importa. Então, convido o leitor a pensar nisso: o que realmente importa?

FELICIDADE E FINANÇAS

Leandro Novais

> *Pergunte-se a si próprio*
> *se você é feliz*
> *e você deixa de sê-lo.*
> (John Stuart Mill)

Você corre na esteira da felicidade? Esta provocação foi feita, em texto, pelo meu amigo Frederico Torres. Em sua história, dois personagens, um muito mais rico do que outro, eram apresentados no seu relacionamento com a riqueza e com os bens. E não foi surpresa descobrir que quem vivia de forma mais feliz, curtindo a família e a aposentadoria, era exatamente o mais pobre dos dois, enquanto o mais rico, no seu mundo altamente competitivo, passava os dias dependente de seu enorme sucesso.

O texto me fez lembrar imediatamente de uma agradável leitura do passado, o livro *Felicidade*, do economista Eduardo Giannetti da Fonseca. Estruturada em forma de diálogos, a obra reúne quatro personagens em um debate sobre o que torna uma pessoa feliz: Leila, estudiosa de ética clássica; Otto, um economista liberal; Alex, um filósofo analítico; e Melo, um erudito historiador de ideais. Um dos capítulos do livro – um dos diálogos – é justamente sobre indicadores objetivos e subjetivos de bem-estar e felicidade. Como um dos indicadores apontados foi a renda das pessoas (e a gestão de suas finanças), resolvi explorar mais algumas ideias decorrentes do texto de Frederico.

O primeiro aspecto notável é que há ganhos significativos de felicidade (ou bem-estar subjetivo) com acréscimo de renda da população mais pobre. Ou seja, ao aumentar a renda até US$ 10 mil anuais (renda média de países como Irlanda, Portugal e Coreia do Sul), os acréscimos de bem-estar são visíveis. Depois disso, no entanto, os índices estacionam, isto é, muito mais dinheiro do que essa renda média já não compra mais felicidade. Curiosamente, a correlação entre renda e felicidade só volta a apresentar índices positivos relevantes com rendas bem mais elevadas (cerca de US$ 80 mil anuais).

Uma interessante pesquisa realizada com mulheres em onze países revelou que 93% das entrevistadas se achavam em melhor situação do que suas mães e avós quanto a oportunidades e direitos (achavam que tinham mais renda disponível, por exemplo). No entanto, a maior parte (54%) não se considerava mais feliz do que as mulheres das gerações anteriores.

E outro estudo clássico com ganhadores de prêmios de loteria (em torno de US$ 500 mil) constatou que, ultrapassado o pico da euforia momentânea, os ganhadores não apresentavam níveis de bem-estar subjetivo superiores aos não ganhadores. E relatavam até desprazer ao realizar tarefas comuns do dia a dia.

O que parece ser a chave – pelo menos em parte – para compreender a relação entre felicidade e finanças é que, no início, em um patamar de necessidade básico, qualquer acréscimo de renda tem um retorno de bem-estar significativo. É fácil constatar. A renda absoluta conta muito. Depois de certo patamar, entretanto, atendidas as necessidades básicas, vale mais o que chamamos de renda relativa. Ou seja, a situação em que você está em comparação com os demais. O que importa mais é como você se percebe em face dos outros e a opinião do seu grupo de referência.

E aqui o mais importante são os bens posicionais, ou seja, a infinidade dos tênis de grife, o smartphone mais moderno, a maior TV, etc. São bens socialmente escassos e a grande maioria das pessoas não dispõe de renda para adquiri-los ou não pode ter o último modelo. Mas esses bens são realmente necessários?

Retomemos o argumento de Frederico. Primeiramente, é indispensável se organizar financeiramente para cumprir bem a etapa das necessidades básicas. E aqui você já vai ficar muito feliz. Ultrapassada essa etapa, o que já não é pouca coisa nos países mais pobres, é possível pensar na obtenção de renda como um realizador de sonhos, de médio e longo prazo. Mais felicidade aqui.

Por fim, preocupe-se menos com a sua posição social e, sem precisar ser avarento, faça como o personagem aposentado do texto do Frederico: curta mais a vida e a sua família.

ESTAMOS TENTANDO FICAR RICOS DO JEITO ERRADO

Daniel Meinberg

Tenho a impressão de que, se o gênio da lâmpada concedesse a realização de um sonho a cada um de nós, a grande maioria escolheria ficar rico. Bom, considerando que ficar rico é um desejo tão forte e de tantas pessoas, seria de se esperar que no século XXI já tivéssemos aprendido a melhor maneira de alcançar esse objetivo, não é mesmo? Pois é aí que eu acho que pode estar o problema.

Vai ser difícil ficar rico devendo tanto dinheiro e investindo tão pouco. É hora de entender e mudar seu comportamento.

Busque na memória a última vez que conversou ou leu sobre um tema relacionado a finanças. Provavelmente, você se lembrará de assuntos relacionados a investimentos. Os exemplos que me vêm à cabeça são:

- Como o Fulano ganhou dinheiro na bolsa de valores;
- Aquelas dicas quentíssimas sobre como escolher ações;
- Artigos sobre estratégias no mercado acionário, inclusive usando derivativos;
- A maneira que o Beltrano usou para ficar rico investindo em imóveis;
- O quanto alguns ativos financeiros, que a gente mal consegue falar o nome e menos ainda entender como funcionam, rendem bem mais do que as tradicionais Cadernetas de Poupança e/ou CDB.

A essa altura já deve ter algum leitor pensando: "poxa vida, esse cara escreve sobre finanças pessoais e está prestes a dizer que entender de investimentos não é importante?". Não me entenda mal, não é exatamente isso. Mas é por aí...

Como assim? Esclareço. A principal mensagem que gostaria de transmitir é que, hoje em dia, para o brasileiro médio é mais fácil ficar rico gerenciando bem dívidas e custos financeiros do que rebolando para tentar fazer com que suas aplicações financeiras passem a render 110% do CDI, em vez de 100%.

Estimativas apontam aproximadamente 63 milhões de endividados no Brasil. Alguns milhões de pessoas devendo o financiamento imobiliário, com um saldo devedor de aproximadamente R$ 180 mil, outros tantos milhões financiando veículos, com dívida mediana de aproximadamente R$ 30 mil.

Pergunto: quantos dessas dezenas de milhões de pessoas têm aplicações financeiras em montante superior ou equivalente às suas dívidas? Arrisco-me a responder que uma pequeníssima parte. Ou seja, a maioria tem patrimônio financeiro líquido negativo. Em outras palavras, devem mais dinheiro do que possuem aplicado.

Daí vem o ponto abordado neste texto – e que me intriga. Por que essas pessoas continuam dedicando o pouquíssimo tempo que destinam à gestão de suas finanças para encontrar os "melhores investimentos"?

Financeiramente falando (e pensando em ficar rico), não seria mais vantajoso que elas se dedicassem a tentar reduzir os custos de suas dívidas, passar a dever menos e então começar a investir mais?

PRESCRIÇÕES FINANCEIRAS: ALGUM CUIDADO É SEMPRE BOM

Leandro Novais

Outro dia recebi um e-mail com uma indicação de um livro de finanças pessoais. Tratava-se do *The One-Page Financial Plan* [O planejamento financeiro de uma página], escrito por Carl Richards, colunista de finanças do jornal *The New York Times*. Ele também tem um blog excelente, que vale muito a pena.

O que acabei de fazer? Dei uma indicação de leitura e recomendei um blog famoso de finanças pessoais. Fiz isso porque tanto o livro quanto o blog me parecem interessantes e pertinentes. Mais que isso, podem lhe ser úteis. Como imagino que você tenha confiança em meus comentários, estas dicas lhe chegam com uma boa dose de credibilidade.

Mas será que deve ser sempre assim? Não, certamente não. Baseando-me em um dos textos do blog de Carl Richards, precisamos sim ter cautela ao acatar prescrições financeiras.

Ele apresenta um caso jocoso, mas que não deixa de ser um exemplo ilustrativo e frequente. Imagine que está andando na rua, uma mulher se aproxima e lhe entrega um pedaço de papel, que você descobre ser uma receita médica. Como a mulher estava usando um jaleco branco, você pensa: "provavelmente ela deve ser médica". Em seguida, vai à farmácia e se sente seguro em utilizar a receita. Parece uma loucura, não é?

E quanto às prescrições financeiras? Ora, aceitamos ou, pelo menos, recebemos prescrições aleatórias o tempo todo. Uma infinidade de reportagens em jornais, informações espalhadas na internet, publicidade das instituições financeiras, etc. São exemplos práticos do caso da mulher de jaleco branco. Ainda temos uma significativa desinformação financeira e, principalmente, um mau uso da informação

– isso partindo da ideia de que boa parte dos conselhos são legítimos e bem-intencionados.

Por que não seguimos um padrão diferente nas receitas da nossa vida financeira? O meu palpite, assim como o de Richards, é que não paramos, com cautela e paciência, para fazer as perguntas que mostram como é a nossa vida financeira e seus eventuais problemas. Não nos preocupamos com o diagnóstico. E isso acontece também com a nossa saúde física e mental. Pegamos a primeira receita que nos oferecem para solucionar os nossos problemas. Talvez a gente tenha também um pouco de medo ou vergonha do diagnóstico.

Mas não tem outro jeito. Para uma boa prescrição é indispensável um bom diagnóstico. Fazer as perguntas que revelem a situação da nossa saúde financeira. Por que o dinheiro é importante para nós? O que melhor descreve minha dificuldade financeira atual? O que quero fazer ou qual é o meu objetivo com o dinheiro? Como chegar ao meu objetivo?

As respostas podem ser surpreendentes. Se parece loucura usar uma receita médica sem que o médico lhe faça perguntas antes (para, então, chegar um diagnóstico preciso), por que isso também não seria uma loucura quando o que está em jogo é a saúde financeira? Atenção: prescrições aleatórias podem trazer inúmeros efeitos colaterais.

E AÍ, CHOVEU?

Frederico Torres

São Paulo vivia uma de suas maiores estiagens. E eu passei por uma senhora que, de mangueira em punho, esguichava água abundantemente para lavar sua calçada. "Deve ter chovido… Só pode ter chovido! Chovido muito!", eu pensava. Não era possível que, com toda a secura, eu tenha visto o que vi.

Com sua mangueira, ela carreava cada folhinha, uma a uma, para o bueiro. Requintes de crueldade com aqueles que se importam com o uso consciente dos escassos recursos naturais. Empurrava uma por uma, até que caíssem. Encestava uma, lá voltava ela com os olhinhos apertados, acertando a pontaria para gastar mais alguns litros d'água, até que conseguisse encestar a próxima.

Por que estou trazendo este assunto aqui? Porque tem tudo a ver com a gestão das finanças pessoais. Como assim?! Imagine: reservatórios em níveis baixos, notícias diárias mostrando como a falta d'água vinha impactando os negócios, represas quase secando, risco de apagão, racionamento de água, queimadas por falta de chuvas. E a senhorinha desperdiçando água, sem pensar nas consequências de suas escolhas, sem questionar hábitos antigos, pondo a perder o dinheiro dela – aumentando sua conta de água – e também interferindo no bem-estar da sociedade.

De forma similar, em tempos de orçamentos familiares apertados, mesmo lidando com renda limitada as famílias continuam desperdiçando dinheiro, tanto em consumo desnecessário e impulsivo, quanto pagando preços mais altos em suas compras e contratações de produtos e serviços financeiros.

Qual foi a última vez que você avaliou direitinho seus gastos? Para onde vai o seu dinheiro? Você pode me assegurar que sabe exatamente para onde vai sua grana? Consegue justificar seus gastos? Eles são realmente necessários ou, se são desejos e luxos, foram planejados e cabem no seu orçamento? Quando faz compras, você compara preços entre marcas e entre fornecedores? Da mesma forma, quando contrata produtos financeiros, você pesquisa as melhores taxas ou os menores custos?

Pois é, será que você, que ficou indignado com o comportamento da senhorinha gastadora de água, não faz o mesmo – só que com outro recurso? Sim, com o seu dinheiro, que vem do uso do seu tempo – o bem mais escasso que existe. É como se, a cada esguichada daquelas, saíssem da mangueira dias do seu trabalho. E escorressem direto para o bueiro.

Dívidas e como solucioná-las

COMO SAIR DO ENDIVIDAMENTO EXCESSIVO?

Ewerton Veloso

> *Entrei na liquidação, saí quase liquidado.*
> *Vinte vezes, vinte meses, eu vendi meu ordenado.*
> (Tom Zé – *Sem entrada e sem mais nada*)

Sempre que compramos algo para ser consumido no presente e pago no futuro, estamos contraindo uma dívida. Um simples almoço pago com cartão de crédito é uma dívida. Dito isso, fica claro que as dívidas, em si, não são ruins. Pelo contrário, aliás. Tenho um amigo, das pessoas mais sensatas que conheço, que sempre diz: "Quem não se endivida não progride".

A questão é saber como se endividar. Conhecer seu próprio orçamento, estabelecer prioridades, não cair em certas tentações, conhecer bem cada dívida antes de contraí-las – especialmente quanto às taxas de juros e às tarifas. Isto é: é preciso respeitar a santíssima trindade da educação financeira. Caso contrário, corre-se o risco de afundar-se nas dívidas.

O endividamento excessivo faz com que a pessoa perca sua capacidade de consumir, pois compromete grande parte de sua renda com o pagamento de prestações ou, pior, de juros e multas. Além disso, pode levá-la a ser inscrita nos temidos cadastros de restrição ao crédito, como SPC e Serasa. E, mais grave, pode obrigá-la a abrir mão de seu patrimônio – ao precisar vender um carro ou um imóvel para quitar dívidas – e, em última instância, pode provocar a desestruturação familiar.

Se a pessoa sente que está com as dívidas já pelo pescoço e que perdeu o controle de sua vida financeira, é hora de refletir e agir antes de se afogar de vez. A primeira atitude após essa conscientização é conhecer sua situação. Saber exatamente o quanto recebe por mês e, principalmente, quanto e como gasta. Quanto do seu salário tem ido para pagar suas despesas mensais? E para pagar parcelas de compras antigas? E para juros e multas?

Conhecer as dívidas é fundamental. Saber o valor de cada uma delas, as taxas de juros, as multas e as consequências da inadimplência – inscrição no SPC e no Serasa, suspensão de serviços essenciais. Isso vai permitir que a pessoa planeje a saída do atoleiro, priorizando o pagamento das piores dívidas. A renegociação é um bom caminho. Muitos credores estão dispostos a abrir mão de juros e multas para receber pelo menos parte dos seus créditos, e se o devedor conhece a fundo a própria situação, a renegociação pode ser muito mais bem-sucedida.

Além de cuidar das dívidas passadas, a pessoa deve planejar o consumo futuro, detalhando as despesas mensais e avaliando quais são essenciais, analisando se podem ser diminuídas, além de identificar as supérfluas, eliminando, pelo menos por um tempo, algumas delas – ou todas, dependendo da gravidade do problema. Tal controle é importante.

A disciplina e a mudança de atitude são indispensáveis. A pessoa vai precisar ter uma postura diferente daquela que a conduziu ao poço. Além de controlar suas despesas, não poderá contrair novas dívidas – do contrário, em pouco tempo sua situação estará ainda pior que antes.

Mudar atitudes, reeducar-se e privar-se de consumir não são ações fáceis para a maioria de nós. Mas, na situação que descrevemos aqui, não há alternativa. A pessoa deve ter em mente que a parte mais amarga do remédio não dura para sempre. Passada a pior fase, ela poderá, aos poucos, voltar a consumir. E, após o tratamento de choque, possivelmente gastará de forma mais saudável e prazerosa, aproveitando melhor o que a vida pode oferecer, inclusive – principalmente? – aquilo que não custa dinheiro.

O BOM ENDIVIDAMENTO

Ewerton Veloso

Dívidas, juros, dividendos.
(Titãs – *Dívidas*)

Meu cunhado, sujeito sensato e bem formado, costuma dizer que "quem não se endivida não cresce". Já vi algumas pessoas reagirem com desconforto a essa frase, mas, quando o assunto se desenvolve, a maioria acaba entendendo e concordando. Já conversamos sobre o endividamento excessivo. Agora vou falar sobre o endividamento saudável.

Primeiro, é necessário entender o que são dívidas. Sempre que consumimos algum produto ou serviço e adiamos o pagamento, estamos contraindo uma dívida. Portanto, até mesmo uma conta que você tem na padaria, e que quita a cada quinzena, é uma dívida.

Recente pesquisa realizada pelo SPC Brasil indica que a maioria dos brasileiros não sabe ao certo o que é endividamento. Do total, 52% pensam que estar endividado é ter contas atrasadas e 21% pensam que é ter o nome registrado nos cadastros de inadimplentes. Quem não sabe o que são dívidas provavelmente também não sabe lidar bem com elas. É o que revelam outros pontos da pesquisa. Mais de 40% dos entrevistados admitiram já ter deixado contas vencerem alguma vez, e mais de 50% já tiveram o nome "sujo". Além disso, 36% dos entrevistados não conseguem poupar dinheiro regularmente e 15% admitem já ter gastado mais do que ganham. Os principais motivos alegados para justificar o desequilíbrio foram o descontrole nos gastos e a facilidade no acesso ao crédito.

A pesquisa fala sobre o lado ruim das dívidas. O que meu cunhado quis dizer com sua célebre frase é que há dívidas boas. São aquelas contraídas com cuidado, planejamento e bom senso.

Mas como fazer isso? Eu aponto cinco passos para o bom endividamento:

1- Conheça sua situação financeira. Saiba o quanto você ganha e, principalmente, quanto e como gasta.

2- Faça uma reflexão sobre o necessário e o supérfluo. O bem que você deseja adquirir é mesmo necessário? E, se não for, este é um momento razoável para gastar com algo supérfluo?

3- Pesquise e negocie muito os preços e os juros. Fique atento não apenas aos juros nominais, mas ao custo efetivo total, isto é, todas as despesas envolvidas, tais como tarifas, impostos, seguros, etc.

4- Observe o impacto da prestação no orçamento familiar – é importante repetir, porque é nesse ponto que muitas pessoas se enrolam em dívidas: não basta saber se a prestação cabe no orçamento, é fundamental entender as taxas de juros e as tarifas envolvidas na compra.

5- Faça o que em finanças chamamos de teste de estresse. Isto é, tente imaginar como ficará sua condição de arcar com a prestação caso sua situação financeira piore – por exemplo, caso perca o emprego, ou sua empresa passe a vender menos, ou suas despesas aumentem mais que seu salário. Não existe uma fórmula pronta para isso, cada caso é diferente. É preciso avaliar bem o cenário, pensar em planos de emergência, em gastos que poderão ser cortados, em fontes alternativas de receitas e no nível de risco que deseja assumir.

Cumpridos esses passos, é hora de investir em si mesmo e adquirir aquele tão sonhado bem – sem perder o sono por causa dele.

DEZ COISAS QUE AS PESSOAS SEM DÍVIDA FAZEM

Frederico Torres

Prestações de financiamento imobiliário e de veículos, carnês, compras parceladas, faturas de cartões de crédito e outras formas de crédito ao consumo; tais coisas estão tão arraigadas em nosso dia a dia que são consideradas fatos da vida – tão inevitáveis quanto a morte, os impostos ou os lucros dos bancos.

Qualquer pessoa disciplinada o bastante para não incorrer em nenhuma dessas formas de endividamento não recebe a devida atenção da mídia. Ninguém explica como ela conseguiu se manter sem dívidas, tampouco de quais benefícios desfruta pelo fato de não dever.

Vamos então tratar aqui dos traços comuns dos sem-dívida. Eis dez coisas que essas pessoas fazem:

1. Esperam

Se o assunto é gastar dinheiro, paciência é a grande virtude. Pessoas sem dívidas atingem este estado raro porque consideram cuidadosamente suas necessidades. Então, poupam dinheiro, esperam por grandes promoções e/ou pesquisam preços em busca de incríveis pechinchas, geralmente de segunda mão.

2. Mantêm o ego sob controle

Grandes egos geralmente significam carteiras vazias. Compras por impulso alimentadas pelo crédito levam mais famílias à bancarrota do que as grandes dívidas, como os financiamentos imobiliários por exemplo. Os sem-dívida mantêm seus egos separados dos bens materiais e descansam confortavelmente no conhecimento de que o verdadeiro luxo é viver livre das dívidas.

3. Gastam – quando se deparam com um bom negócio

Nossos amigos e vizinhos frugais têm uma má reputação. Eles geralmente são apelidados de pães-duros e até mesmo marginalizados. Mas não têm medo de gastar; são apenas seletivos sobre o que e quando comprar.

4. Pagam em dinheiro

Uma das principais expressões do mundo das finanças é: o dinheiro é o rei. Os sem-dívida sabem muito bem disso. Trata-se de uma condição inerente ao ato de desembolsar papel-moeda: é impossível gastar mais dinheiro do que você realmente tem. Além disso, quando você está negociando preço, o dinheiro vivo chama a atenção e acaba conquistando bons descontos.

5. Negociam

Já que falamos sobre negociação, vamos esclarecer uma coisa: o preço de quase tudo é negociável. Os sem-dívida sabem disso. Eles aprenderam as regras de negociação e pechincham o preço de tudo, de carros a planos de televisão a cabo. Afinal de contas, pagar preço de tabela cheia, praticado nos parcelamentos por carnês ou cartão, não combina com a condição dos sem-dívida.

6. Conseguem melhores taxas de juros

Quando os sem-dívida optam, estrategicamente, por assumir uma dívida, eles tendem a se beneficiar de taxas de juros mais baixas graças a um histórico de uso responsável de crédito, ou melhor, quase nenhum uso. Eles têm baixa relação entre a dívida e sua renda ou patrimônio, além de suas imaculadas fichas corridas. Lembre-se: estamos em tempos de cadastros, negativos e positivos. Todos os dias, seu comportamento financeiro é guardado em bancos de dados. Uma parte de tais dados já é utilizada para avaliar seu risco de crédito e a outra, a que ainda não é usada, será. É questão de tempo.

7. Evitam despesas incrementais

Não sei se você já notou, mas os comerciantes estão ficando cada vez mais relutantes em compartilhar os preços reais com os consumidores. Em vez disso, eles enquadram grandes despesas em valores mensais mais palatáveis. Você pode entrar naquele carrão novo de R$ 39 mil por apenas R$ 699 por mês; ou pode ter um iPhone 8 por apenas R$ 299 mensais. Captou a mensagem? Os sem-dívida sabem que grandes despesas se escondem por trás desses pequenos pagamentos; eles entendem como dezenas de pequenos cortes podem rapidamente sangrar um orçamento.

8. Sabem esperar o inesperado

Admito: eu não sou um otimista. Quando se trata de economia, do meu trabalho e dos preços das coisas em relação ao crescimento da renda, eu honro a tradição do mineiro: sou conservador. E estou em boa companhia. Os sem-dívida têm um plano de emergência financeira e, até mesmo em tempos de fartura, apertam os cintos se preparando para os tempos de vacas magras – que com certeza virão!

9. Dormem bem

Manter um perfil financeiro conservador, se preparar para situações de emergência e poupar para o futuro garantem uma profunda sensação de segurança. Quando os sem-dívida vão dormir, eles não estão preocupados em reembaralhar as dívidas com cartão de crédito, em como adiar os pagamentos até o último segundo ou se o banco pode vir tomar seu carro no meio da noite. Eles dormem bem, sabendo que ninguém tem nenhum direito sobre o que eles ganharão amanhã.

10. Desfrutam de mais liberdade

Altos níveis de dívida limitam nossas escolhas na vida. Se uma dúzia de credores pode tirar, cada um, uma fatia de sua renda, obviamente que acaba sobrando menos para você. Isso significa reduzir as escolhas sobre o que fazer na próxima semana ou no próximo ano (dica: você estará trabalhando). Já aqueles que conhecem a liberdade de uma vida sem dívidas geralmente tentam manter o máximo possível de sua renda para si mesmo, aplicando em investimentos que geram riqueza. São pessoas que expandem suas oportunidades e, consequentemente, reduzem o número de anos que terão de trabalhar.

É importante lembrar que cada um goza de uma situação financeira diferente. Por vezes, uma dívida é simplesmente inevitável. Mas um estilo de vida livre de dívidas também não pode ser visto como lenda.

Fico pensando se os sem-dívida, um dia, chegarão ao ponto dos micos-leões-dourados. Por enquanto, são pessoas de verdade. Que colhem recompensas reais quando decidem conscientemente controlar como e com o que gastam, além de não perdoar nem mesmo a menor dívida.

E você? É um sem-dívida ou conhece algum? Como isso ajuda você a viver de forma diferente de seus amigos, familiares ou colegas de trabalho?

DÍVIDA FAZ MAL À SAÚDE

Leandro Novais

Dívida faz mal à saúde? Faz e muito. Os sintomas podem até ser físicos, como dores de cabeça e estômago, mas geralmente são emocionais, como ansiedade, medo e depressão.

Segundo reportagens, o número de casos de problemas de saúde nos quais se investiga uma possível associação a problemas financeiros tem aumentado significativamente. Isso tem despertado a atenção, por exemplo, do ambulatório do Hospital das Clínicas, em São Paulo. Em alguns casos, já se faz com precisão o diagnóstico: estresse causado pelos débitos aparentemente sem solução. E o tratamento acaba sendo não apenas médico, mas de verdadeira desintoxicação, com grupos de ajuda conhecidos como D.A. (Devedores Anônimos) já localizados em várias cidades brasileiras.

Ainda de acordo com um estudo feito por psicólogos e economistas nas universidades norte-americanas de Princeton e Harvard, a falta de dinheiro compromete a capacidade de raciocínio e todas as demais decisões se tornam lentas e imprecisas.

E não é só a dívida em si que pode causar danos à saúde. Os mecanismos de cobrança também estão mais pesados: ligações regulares em casa e no trabalho; e-mails invasivos ou mensagens de celular; além do antigo cobrador batendo na sua porta.

Outro dado muito significativo – que pode ser relacionado a males de saúde decorrentes de problemas financeiros – resulta do grupo que mais demanda crédito nos últimos tempos, o de jovens adultos da periferia, de acordo com levantamento da Serasa Experian. Trata-se de um grupo visivelmente vulnerável, com baixa escolaridade; 30% habitando ruas sem identificação, dividindo a casa com familiares, também endividados; e, em 40% dos casos, são mulheres chefes de família. São indivíduos que chegaram recentemente ao mercado de crédito, não conseguiram – ou não quiseram – educar-se financeiramente e têm ainda mais dificuldade de sair de situações de endividamento. É um grupo-controle para o diagnóstico acima.

A tentativa de solução do problema financeiro – que pode repercutir positivamente na sua saúde – é renegociar urgentemente suas dívidas. Aqui vão três regrinhas de ouro:

- Tentar trocar a dívida cara por outra mais barata, usando as modalidades do crédito pessoal e, principalmente, o crédito consignado – em que o desconto é feito diretamente na folha do trabalhador;
- Migrar de banco pode ser uma boa solução, mas atenção: nos produtos financeiros é indispensável olhar o custo efetivo total, e não só os juros ou a parcela; além disso, os bancos não podem condicionar a portabilidade à contratação de algum outro produto ou serviço;
- Mais do que trocar as dívidas, você deve ajustar seu orçamento de maneira que não volte a cair em dívidas no futuro (fuja do cheque especial e do cartão de crédito).

Para diagnosticar sua situação, um bom começo de conversa é fazer um teste de estresse financeiro, isto é, estimar como ficará seu orçamento caso ocorra algo mais sério, como a perda de emprego ou o aumento nas despesas além do previsto. Isto pode lhe dar pistas de sua saúde financeira e indicar se ela pode estar afetando sua saúde física e psíquica.

COMIGO NÃO, VIOLÃO!

Frederico Torres

Os empréstimos andam tão populares no Brasil que nem sequer os nomes estão escapando. Sim, já faz um tempo que pessoas ficha-limpa emprestam o próprio nome para aquelas que têm restrição cadastral e não conseguem tomar seus próprios empréstimos ou fazer compras a prazo. Geralmente, é um familiar ou um amigo que chega para você com aquela conversinha mansa, de que precisa de ajuda. Antigamente, eles pediam dinheiro emprestado; agora, além da grana, às vezes pedem para usar seu cartão de crédito, pois os deles já não têm mais limite.

Outra prática comum é pedir que você tome um empréstimo em seu nome para eles, que já estão com o nome sujo na praça. Todo cuidado é pouco: nem sempre os "pidões" admitem que estão na lama. Os argumentos que eles usam podem ser convincentes, como o fato de que as taxas de juros oferecidas para você são mais baixas do que as taxas que eles conseguiriam.

Os aposentados do INSS, coitados, mais velhos, costumam ser presas fáceis de seus familiares, especialmente dos mais novinhos – que já têm todo tipo de dívida, estão enroscados, com o nome sujo e limites de crédito estourados, mas mesmo assim precisam porque precisam daquele dinheirinho emprestado para comprar aquele novo modelo de celular.

Outra forma de emprestar o nome, mais convencional, é ser avalista ou fiador. Trata-se de uma roubada tão grande que as seguradoras até criaram um produto chamado seguro-fiança para substituir o fiador nos contratos de aluguel. Acho que estava cada vez mais difícil encontrá-los por aí…

Outra tradicional fonte de dor de cabeça são as sociedades em que você acaba convencido a entrar para auxiliar terceiros. É comum ficar enrascado em função das trapalhadas feitas pelos outros sócios. No começo, os pedidos vão na linha do "quebre este galho pra mim, por favor" ou "é só até esse probleminha passar". Logo, suas contas correntes e aplicações financeiras poderão estar congeladas, por força de uma decisão judicial. Infelizmente, também conheço vários casos assim.

Por essas e outras, recomendo que você faça como eu: não empreste seu nome a sociedades, não deixe que outros usem seus cartões de crédito, não dê aval, não seja fiador e não tome empréstimo para terceiros, mesmo que eles sejam parentes ou amigos.

Se quiser mesmo ajudar, você pode até emprestar dinheiro. Mas o seu, nunca o que tomou emprestado – já que as chances de não ser pago são grandes. Para começo de conversa, pense só como foi que os "pidões" chegaram a tal situação. Se já é ruim se não devolverem um dinheiro seu, imagine como fica se não pagarem um empréstimo que você retirou para eles em seu nome. Você pode acabar entrando numa enrascada financeira sem culpa nenhuma. Ou melhor, com culpa, sim: a culpa de não ter tido coragem de falar:

– Comigo não, violão!

CINCO MANEIRAS DE SE MOTIVAR A GASTAR MENOS

Frederico Torres

Quem faz flexões abdominais e polichinelos acaba perdendo peso e ficando mais em forma, certo? Pois é, de acordo com especialistas em psicologia, a mente funciona da mesma maneira que um músculo. Ou seja, se você exercitar seu cérebro, fortalecerá sua saúde financeira – e ainda pode perder um pouco da ansiedade relacionada ao dinheiro.

A seguir, algumas dicas para tentar ajudá-lo a usar o poder de sua mente financeiramente a seu favor, isto é, para comprar menos e melhor, pagar suas dívidas e poupar mais.

1. Distribua lembretes visuais de seus objetivos financeiros em pontos estratégicos

Está poupando para algo grande, como uma viagem de férias? Ou tentando ficar livre da sua dívida do cartão de crédito? Coloque um lembrete visual em lugares para onde você olha bastante. Um exemplo: imprima uma bela imagem de seu próximo destino de férias e a envolva em torno de seu cartão de débito. Ou simplesmente mude a foto de fundo de seu telefone celular.

Se você é um grande comprador on-line, mas quer acabar com suas dívidas de cartão de crédito, uma ideia é mudar a imagem de fundo na tela do seu computador para um grande zero, demonstrando visualmente o saldo atual (ou futuro, após a suposta compra) de sua conta corrente. Há psicólogos que dizem que isso ajuda a reduzir o entusiasmo emocional da compra, transformando-a em um processo deliberativo, cognitivo.

2. Não desista das ferramentas de orçamento e aplicativos do tipo, mesmo quando eles fazem você se sentir mal

Você baixou um dos vários aplicativos de controle de gastos ou ferramentas de orçamento. Parabéns! É uma sensação boa finalmente assumir o controle de suas finanças, certo? Sim – por um tempo. Não se surpreenda se você começar a se sentir deprimido quando começar a lançar suas despesas no aplicativo e perceber por meio daqueles gráficos coloridos o quão longe seus gastos ficaram daquilo que você inicialmente havia previsto.

É verdade: essas ferramentas tornam mais simples e fácil acompanhar seu dinheiro. Mas o conhecimento pode ser doloroso. Em outras palavras, é desagradável constatar que você não faz bem alguma coisa. No caso, controlar o seu dinheiro.

Meu conselho é: não desista. É como fazer exercício físico. No começo, tudo fica dolorido, mas a partir de certo ponto você começa a apreciá-lo, ou pelo menos perceber que o desconforto vale a pena. Descobrir que você gasta muito dinheiro não é divertido, mas a dor que vem com uma enorme dívida de cartão de crédito é ainda pior, acredite!

3. Não compre upgrades

Os varejistas oferecem upgrades para quase tudo hoje em dia, mas na maioria dos casos o serviço não vale o custo. Pense bem, você está na fila daquele famoso fast-food e escolhe seu lanche. Na hora de pedir, o atendente pergunta se você não quer aumentar o tamanho da porção de batatas, do copo de suco e ainda comprar um milk-shake. Mesmo que o valor adicional lhe pareça ínfimo, resista: afinal, do que adianta pagar barato, se você na verdade não precisa do item?

Costumo dizer que se você comprar um elefante com 90% de desconto, ainda assim desperdiçou dinheiro (10%). Bom, a menos que você seja dono de um zoológico, né?!

4. Espere no mínimo 24 horas para comprar itens supérfluos

Conheço gente que espera bem mais do que isso, viu?! Mas não vou dar nome aos bois não, pois, como diz a minha avó, quando se conta o milagre não se deve revelar o santo.

Evite praticar a chamada "compraterapia". Se você está passeando sem rumo por um shopping e está se sentindo mal com sua carreira, por exemplo, quando bater o olho naquele smartphone novinho em folha, poderá pensar: "Isso vai me fazer feliz". Contudo, estudos mostram que a alegria proporcionada por uma nova compra em geral desaparece rapidamente. O que não desaparece junto, entretanto, são as dívidas resultantes dessas compras.

E quando você precisa mesmo de um novo telefone ou de uma roupa nova? Então, quando é seguro fazer essas compras? Geralmente, depois de deixar a ideia por pelo menos 24 horas no pensamento. Depois dessa decantação mental, é provável que você não estará mais fazendo uma compra emocional. É mais provável que realmente precise do item ou, no mínimo, que o queira bastante.

5. Ao fazer compras ou comer fora, se o total ficar em menos de R$ 100, use dinheiro

Já notou que mesmo quando você sabe que tem dinheiro na carteira, às vezes reluta em usar as cédulas para pagar uma conta? Vira e mexe comento sobre pesquisas que mostram que é doloroso pagar com dinheiro vivo. Você realmente entende do quanto está se despedindo (gastando) quando paga em espécie. Com o plástico (cartão), infelizmente não temos a mesma experiência. Como carteiras podem ser perdidas ou roubadas, óbvio que não é bom carregar uma dinheirama nelas, mas usar mais dinheiro vivo vai fazer bem para suas finanças.

Agora, o futuro: poupar e investir

INVESTIMENTOS E INVESTIDORES

Ewerton Veloso

Cuidar do novo ovo
A nova cria
O novo dia
O novo amanhã
(Gonzaguinha – *Plano de voo*)

Dinheiro serve para te dar conforto e segurança, e também para realizar seus sonhos. Isso começa com um orçamento equilibrado e objetivos definidos. A partir daí é possível e necessário poupar e investir. Mas é preciso saber fazer isso, senão você poderá andar em círculos – ou pior, andar para trás.

As pessoas têm objetivos de curto, médio e longo prazos. Por exemplo, você pode querer móveis novos para sua sala dentro dos próximos seis meses – curto prazo –, uma viagem de intercâmbio para sua filha, que completará 15 anos daqui a três anos – médio prazo –, ou uma aposentadoria mais confortável – longo prazo. Cada um desses planos requer investimentos adequados às suas características.

Para escolher boas opções é preciso entender alguns conceitos básicos e conhecer os principais tipos de investidores e de investimentos. Vamos a eles.

Liquidez

A liquidez de um bem é a facilidade com que você o transforma em dinheiro. Por exemplo, uma aplicação financeira em um banco que possa ser resgatada a qualquer momento é um bem muito líquido. Já um imóvel é um bem pouco líquido, pois a sua venda pode demorar mais do que você deseja.

Para fazer um bom plano de investimentos você precisa conhecer bem sua necessidade de liquidez. Se você pode precisar do dinheiro a qualquer momento, é necessário um investimento com muita liquidez. Se você só vai precisar do dinheiro daqui a alguns anos, pode abrir mão da liquidez – e isso, em muitos casos, significa obter rendimento melhor.

Risco

O risco é a medida do quanto o rendimento de um investimento é imprevisível, para o bem ou para o mal. A Caderneta de Poupança, por exemplo, é um investimento de baixo risco. Você sabe exatamente o quanto ele vai render, e sabe que, mesmo se o banco falir, seu dinheiro estará protegido.[1] Ações, por outro lado, têm alto risco, pois podem tanto passar por grandes valorizações quanto por desvalorizações.

Investimentos com baixo risco têm rendimentos modestos. O investidor abre mão de parte da rentabilidade em troca de segurança. Para ter rendimentos acima da média é necessário correr riscos.

Mãos dadas

Liquidez e risco andam de mãos dadas. Títulos no Tesouro Direto, por exemplo, têm baixo risco. A pessoa sabe o rendimento no momento da aplicação, e a possibilidade de o Governo não honrar o compromisso é considerada muito baixa. Além disso, o título pode ser vendido a qualquer momento. Que beleza, baixo risco e alta liquidez! Quer dizer, então, que não tem erro, certo? Bom, não é bem assim.

Os títulos do Tesouro Direto têm prazo de vencimento. Aquele rendimento combinado na hora da aplicação, na maior parte dos casos, vale só para retiradas na data do vencimento. Se precisar vender o título antes, a pessoa vai receber o valor que o mercado estiver pagando no momento da venda – que pode ser maior ou menor que o esperado.

Planejar mal a necessidade de liquidez pode tornar arriscado um investimento que, originalmente, era de baixo risco.

---

[1] Existe uma instituição chamada Fundo Garantidor de Crédito (FGC), uma entidade privada e sem fins lucrativos, cuja função é proteger os clientes de um banco caso ele vá à falência. O limite máximo dessa proteção é de R$ 250 mil por pessoa. Estão protegidos os depósitos em conta corrente, Caderneta de Poupança, CDBs, RDBs, letras de câmbio, LCI, LCA e outros. Fundos de investimento não são protegidos pelo FGC. Para saber mais, consulte o site www.fgc.org.br.

Perfil do investidor

Quando vamos investir dinheiro por meio de uma instituição financeira, normalmente precisamos responder a um questionário. Informamos renda, grau de escolaridade, nível de conhecimento sobre produtos financeiros. Além disso, precisamos dizer se estamos dispostos a correr riscos para ter a possibilidade de alcançar rendimentos acima da média ou se preferimos segurança e tranquilidade, mesmo com rendimentos mais modestos.

Tudo isso serve para definir nosso "perfil de investidor". Existem três tipos clássicos de perfil: conservador, moderado e arrojado.

Conservador é aquele investidor que evita correr riscos. Contenta-se com rendimentos mais baixos porque prefere não ter surpresas com seu dinheiro. Normalmente investe em renda fixa, fundos DI de grandes bancos, CDB, enfim, investimentos mais seguros.

Moderado é o que aceita correr algum risco em troca da possibilidade de ter rentabilidade melhor. Além das opções mais conservadoras, arrisca algo em ações, fundos multimercados e outras modalidades em renda variável.

E o arrojado é o que corre maiores riscos em busca de rendimentos melhores. Geralmente tem bom conhecimento do mercado, sabe usar as ferramentas de investimentos e consegue conviver com perdas eventuais sem perder também o sono. Investe em renda variável mais que o investidor moderado.

Diferentes estratégias

A mesma pessoa pode adotar mais de uma estratégia de investimento ao mesmo tempo, combinando diferentes tolerâncias a risco e exigências de liquidez, conforme os diversos objetivos que tem na vida. Aliás, o ideal é isso. Vamos voltar aos nossos exemplos lá do início.

Você está procurando móveis novos para sua sala e pretende resolver isso nos próximos seis meses. Ainda não sabe se vai contratar alguém para fazê-los ou se vai comprá-los prontos; pode ser que encontre a solução na semana que vem, pode ser que demore mais. Já que você pode precisar do dinheiro a qualquer momento, o ideal é um investimento com alta liquidez e baixo risco. Há títulos no Tesouro Direto adequados a isso. Produtos bancários, como fundos e CDBs, também podem ser boas opções, tomando os devidos cuidados com prazos, liquidez, taxas de administração, etc.

Sua filha tem 12 anos e, quando fizer 15, em vez de um baile de debutante, vai preferir uma viagem de intercâmbio. Bela escolha, parabéns para você e para ela! Como tem três anos de prazo, você pode contratar, por exemplo, um CDB de bancos médios – que costumam oferecer boa rentabilidade, caso você abra mão da liquidez.

Já está pensando na sua aposentadoria? Ótimo, parabéns de novo. O tempo joga a seu favor. Você tem opções mais conservadoras, como o Tesouro Direto – que, em troca do longo prazo, costuma oferecer boa rentabilidade com baixo risco – e bons fundos de previdência privada, ou modalidades mais arrojadas, como ações, fundos multimercado e outras opções em renda variável, que combinam bem com prazos longos.

Mãos à obra

Pronto. Agora você já sabe um pouco mais sobre liquidez, risco, rentabilidade, perfis de investidor e tipos de investimentos. É hora de pensar em seus objetivos, estimar bem o custo e o prazo de cada um. Em seguida, é preciso avaliar diferentes formas de aplicar seu dinheiro que combinem com esses objetivos. Depois pesquise bastante as opções disponíveis em cada modalidade. Informe-se, converse com pessoas da sua confiança. Bons investimentos estão ao alcance de todos, basta conhecer e procurar. E não se esqueça: o tempo é parceiro do investidor, portanto, quanto antes começar, melhor.

O VALOR DO AMANHÃ – EM TRÊS HISTORINHAS

Leandro Novais

> *Todas as famílias felizes são parecidas;*
> *as infelizes são infelizes cada uma à sua maneira.*
> (Leon Tolstói)

Poupança! Poupança! Poupança! Na administração de suas finanças, a capacidade de poupar do brasileiro é baixa, como também é baixa a capacidade de poupança do governo. Este é um dos fatores mais importantes que revelam as dificuldades de crescimento das famílias e do país.

Além de recursos limitados em tempos de crise (para 16% da população, o orçamento é suficiente apenas para as despesas essenciais, conforme mostrou o jornal *Valor Econômico*), o brasileiro ainda não desenvolveu o comportamento e o hábito de poupar e investir. A balança entre o consumir agora/poupar depois e o poupar agora/consumir depois geralmente pende para o lado do consumo imediato.

Inspirado nessa questão, no instigante livro *O Valor do Amanhã*, do economista Eduardo Giannetti da Fonseca, e também no interessante *História do Futuro – o horizonte do Brasil no século XXI*, da jornalista de economia Miriam Leitão, vou adaptar aqui três historinhas:

Adriana, Marina e Wedna são três mulheres vivendo nesses 25 anos de pós-estabilização. O tempo todo, as três são bombardeadas por uma avalanche de políticas de incentivo ao consumo, baseada no endividamento. Como faz falta a educação financeira...

Adriana é faxineira. Fez escolhas típicas do descontrole no uso do crédito. Ela trabalha duas vezes por semana e ganha R$ 700. Com o salário de pedreiro do marido, a renda mensal do casal vai para R$ 2 mil. Na classificação do governo, trata-se de uma família classe média baixa. Ela financia tudo, até as compras de abastecimento da casa. Sempre faz as compras do mês pagando em duas ou três vezes. "Eles falam que é sem juros, por isso vale a pena. Estou sempre pagando uma parcela no supermercado, às vezes mais de uma", justifica-se.

Adriana também já financiou compra de celular e roupa. Chegou a pagar em sete parcelas uma despesa de apenas R$ 35, realizada em uma loja de departamentos. Ao mesmo tempo, fazia reforma na casa e administrava, a seu modo, uma dívida antiga, uma compra de roupas que tinha custado R$ 900 – mas que ela não conseguiu honrar. Renegociou e aceitou uma prestação de R$ 250 por mês, durante dez meses. Foi extorquida ao pagar 177% a mais do que o débito original. Não calculou os juros. "Me enrolei na hora de pagar e fiquei devendo, mas meu nome não foi para o SPC. Fui lá negociar com a loja e estou pagando parcelado. Gosto muito de roupa nova. É o que eu mais gosto", afirma.

Tem o sonho de se mudar para um local melhor no mesmo bairro onde mora, em Duque de Caxias, no Rio de Janeiro. Como não abriu mão dos sonhos de consumo, a mudança não ocorreu e até as obras de reforma da casa onde mora vão se arrastando.

O caso de Marina é diferente. Irmã de Adriana, também é faxineira e mora em Duque de Caxias. Tem três filhos, dois deles matriculados em escola pública. Ela consegue poupar, apesar de todas as circunstâncias. Ganha R$ 1,4 mil, trabalhando em quatro casas. Com o salário de R$ 900 do marido, vigilante do campus da Universidade Federal do Rio de Janeiro, está igualmente enquadrada na classe média baixa.

Com sua renda, ela consegue arcar com todos os custos da família, e ainda guarda R$ 300 por mês. Deixa o dinheiro na conta corrente. Marina tem trauma de banco, depois de um empréstimo malsucedido. O marido ficou desempregado e o nome dela foi para o SPC. Por isso, não assume dívida e não tem cartão de crédito. A sua dificuldade está em como investir o dinheiro, programar o amanhã. "As coisas não estão tão caras quanto antigamente. Se você parcelar, acaba pagando mais caro. Prefiro juntar um pouco e comprar à vista", resume.

O caso dramático é de Wedna, enfermeira de hospital público. Ela pegou um empréstimo de R$ 13 mil para construir sua casa, mas não conseguiu concluir a obra, nem pagar o empréstimo. De quebra, ainda precisava honrar o aluguel da casa antiga. Para piorar, o marido ficou desempregado. Wedna parou de pagar a conta do cartão de crédito e o carnê de uma loja de varejo. Com dificuldade, a única conta que pagava quase certinho era a mensalidade da faculdade de enfermagem.

O banco enviou uma cobrança de R$ 23 mil. Quase duas vezes o valor do empréstimo. Wedna conseguiu renegociar, pagou R$ 4,7 mil à vista. Fez um empréstimo consignado para liquidar a dívida. Opção inteligente. O emprego no hospital público ajudou.

No cartão, a dívida de R$ 1,5 mil foi para R$ 5 mil. Na loja, o que eram R$ 500 viraram R$ 900. Negociou e pagou com desconto. Ainda devia R$ 2,6 mil da faculdade. "Foram anos difíceis. Por causa dos juros, eu cheguei a dever R$ 30 mil. Estou quase saindo do problema. Os bancos oferecem crédito sem limite e você acaba se iludindo. O cartão também dá uma sensação falsa de que se tem dinheiro. Depois vem a conta. Hoje tenho mais maturidade", conta.

Miriam Leitão perguntou ao final sobre a obra da casa, que foi a origem de tudo. Continua parada.

São casos exemplares da relação dos brasileiros com o dinheiro. Evidenciam a ilusão do crédito fácil, o descuido gritante ao não se calcular os juros pagos em uma compra parcelada, além de revelar a falta de planejamento para lidar com infortúnios, como o desemprego. Em outro extremo, constata-se uma verdadeira repulsa por qualquer tipo de empréstimo. E mesmo no caso da previdência para poupar, falta informação para procurar o melhor investimento. Você se viu nessas histórias? É o Brasil sem educação financeira.

COMO A GERAÇÃO Y CUIDA DAS SUAS FINANÇAS?

Leandro Novais

Se você nasceu nos anos 1980, pertence à geração Y. Dez anos mais jovem? Você é da geração Z, que sucede a Y, nascida após os anos 1990. São categorias criadas pela sociologia para o tratamento coletivo dos indivíduos da mesma geração. Claro que a ideia não é rotular as pessoas, e há inúmeras exceções aos padrões comportamentais. Contudo, ao mesmo tempo, muitas pesquisas demonstram traços comportamentais similares entre as gerações Y e Z, divergentes das gerações anteriores, a geração X e os *baby boomers* – ou seja, os nascidos dos anos 1950 aos anos 1970. Como elementos comportamentais são muito significativos em matéria de finanças, aí reside nosso interesse pelo tema.

As crianças e os adolescentes que nasceram neste século são classificados como geração do milênio (millennials) ou da internet. Eles já cresceram em um mundo altamente tecnológico, são estimulados por inovação e vivem realizando tarefas múltiplas. Superexpostos à informação, formam um público consumidor exigente e são essencialmente urbanos – em 2012, representavam cerca de 20% da população mundial. Em um mundo ainda muito desigual, mas com maior prosperidade econômica, os millennials tendem a alcançar seus objetivos com menos esforço, além de contar fortemente com o apoio dos familiares. São ambiciosos, sujeitam-se pouco a tarefas menores e, geralmente, são avessos a estruturas hierárquicas. Querem crescer rápido, já com salários maiores, buscando atividades que proporcionam desafios profissionais. Mas, ao mesmo tempo, não se esforçam para ultrapassar dificuldades típicas de início de carreira.

Como tal contexto se reflete na vida financeira? Inúmeras pesquisas têm sido realizadas, como a Millennial Money Mindset Report, elaborada pela consultoria on-line IQuantifi. Há um interesse, já que a próxima onda gigantesca de clientes financeiros será da geração nascida neste século e, os das gerações Y e Z, já são os atuais clientes bancários.

Os dados são muito interessantes. As pesquisas detectam que os millennials misturam doses de pragmatismo e otimismo – e algumas contradições. Por exemplo, parte significativa dessa geração acha que não terá acesso às redes de segurança social e previdência que seus pais têm, mas confia na própria capacidade de melhorar seu futuro financeiro. Antes de economizar, pensam simplesmente em como ganhar mais dinheiro (57% citam este como o principal desafio). Mais de 70% se sentem seguros de que alcançarão seus objetivos financeiros (dados da pesquisa da Harris Poll para a Northwestern Mutual). Entretanto, o otimismo não vem sem uma dose de realidade. As dificuldades dos pais assustam a geração Y e eles são, geralmente, avessos a riscos.

Mas há também algumas contradições. Ainda que mais da metade dos jovens da geração Y diga que possui metas financeiras – contra 38% daqueles com mais de 35 anos –, os objetivos não estão apoiados em planos concretos. Um número expressivo dos entrevistados na pesquisa da Millennial simplesmente diz que "não tem ideia de por onde começar nem de como colocar as finanças em ordem".

E o mais significativo: a geração Y não procura ajuda profissional. A pesquisa da IQuantifi evidencia que os jovens recorrem mais a membros da família (79%) ou amigos (45%) quando necessitam de aconselhamento financeiro. Só 29% procuram alguma consultoria especializada.

As metas de poupança da geração Y demonstram o tênue equilíbrio entre consumo imediato e planejamento de médio e longo prazo. Embora aumentar a poupança geral seja o principal objetivo citado (76%), os demais itens são economizar para as férias (68%) e a compra do carro (66%). Somente o último item, entre os prioritários, é economizar para a aposentadoria (64%). Parece que o consumo imediato faz pouco caso da dose de pragmatismo citada acima.

E eis o ápice da contradição: um estudo feito pelo Bank of America, em novembro de 2014, revela que mais de um terço dos adultos da geração Y recebe ajuda financeira regular dos pais – e um em cada cinco ainda vive com eles sem pagar aluguel ou despesas. Conforme bem pontuou o jornal *Valor Econômico*, são filhos que arruínam a aposentadoria dos pais.

Parece que a combinação do arranjo comportamental descrito no começo do texto, além da falta de apoio especializado, com uma pitada de autoconfiança no sucesso financeiro, não tem dado certo. Não seria o caso de procurar uma ajuda especializada? Tenho certeza de que seus pais agradeceriam.

QUAL O MELHOR INVESTIMENTO: LCI, LCA, CDB, LETRA DE CÂMBIO...?

Daniel Meinberg

Um conhecido me abordou dizendo que estava em dúvida sobre qual seria o melhor investimento para ele, pois tinha recebido um dinheiro extra e queria aplicar, mas a gama de opções que o gerente ofereceu era muito ampla e complexa.

Basicamente, posto que ele queria renda fixa, o gerente oferecia Caderneta de Poupança, letra de câmbio, CDB, LCI e LCA, mas não conseguia explicar (ou convencê-lo) qual seria o melhor investimento para o dinheiro.

Você já sabe que não temos resposta para essa pergunta: não há receita de bolo, tampouco temos como definir que uma opção é melhor que a outra. Vamos a algumas considerações que, pelo menos para o meu conhecido, foram bastante úteis para decidir em que investir.

Em primeiro lugar, o Fundo Garantidor de Crédito (FGC) assegura seu investimento até R$ 250 mil por CPF e por instituição. Ou seja, considerando que seu dinheiro renderá, sugiro investir até R$ 200 mil por instituição. Isto posto, não há muita diferença em termos de risco entre Poupança, LCI, LCA, CDB, RDB e letras de câmbio, imobiliárias e hipotecárias. Mas nem todos os investimentos são cobertos por esta garantia – fundos de investimento, por exemplo, não são.

A segunda sugestão é comparar investimentos com e sem incidência de imposto de renda. Alguns investimentos, como LCI e Poupança, são isentos. Outros, como letras de câmbio e CDB, têm incidência conforme descrito abaixo:

- Investimentos por até seis meses: 22,5% de imposto de renda (fator multiplicador 0,775)

- Investimentos por até um ano: 20% de imposto de renda (fator multiplicador 0,8)
- Investimentos por até dois anos: 17,5% de imposto de renda (fator multiplicador 0,825)
- Investimentos por mais de dois anos: 15% (fator multiplicador 0,85)

Em outras palavras, ao comparar um investimento com incidência de imposto de renda com outro sem incidência, você deve multiplicar a taxa oferecida pelo fator multiplicador. Exemplo: um CDB que renda 120% do CDI e com vencimento em 3 anos equivale a uma LCI de 102% do CDI (120% $\times$ 0,85 = 102%). Note que, apesar da taxa nominal do CDB ser sensivelmente maior, ao retirar a parcela relativa ao Imposto de Renda, sua rentabilidade líquida é bastante reduzida. Ou seja, em mesmas condições, uma LCI que paga 105% do CDI é mais interessante do que um CDB que paga 120% do CDI, pois a rentabilidade da LCI já é líquida de Imposto de Renda.

Por fim, a Caderneta de Poupança pode parecer mais segura e estável (o brasileiro médio tem essa percepção), porém é garantida pelo mesmo FGC que assegura, por exemplo, a LCI. Apesar de não haver diferença no risco, há na rentabilidade. Com a expectativa de a Selic terminar 2017 e 2018 a 7%, a Poupança paga em torno de 5% ao ano, enquanto LCI, CDB, etc. rendem até 7% (valores líquidos), dependendo da instituição financeira e do valor investido.

APOSENTADORIA E A REGRA DO 1-3-6-9

Ewerton Veloso

Vou botar o chinelo, vou sentar na poltrona
Vou jantar na melhor churrascaria
Vou pedalar domingo na ciclovia
Vou ter conta na mercearia
Vou gozar a aposentadoria
(Arnaldo Antunes – *Tudo em dia*)

Um dos assuntos que mais interessam – e preocupam – os brasileiros, atualmente, é a aposentadoria. E não é para menos. Afinal, o avançar da idade, por si só, impõe limitações às pessoas, e viver essa fase da vida com aperto financeiro é muito triste.

As regras da aposentadoria, na forma com que os brasileiros estão acostumados, certamente precisarão ser modificadas. O chamado regime de repartição, no qual as contribuições previdenciárias dos trabalhadores ativos pagam os benefícios dos aposentados, tem se mostrado insustentável.

Isso porque o perfil da população mudou muito desde que o regime foi criado, em meados do século XX. Por um lado, a expectativa de vida da população aumentou consideravelmente. As pessoas têm vivido cada vez mais – o que é para ser comemorado. Ou seja, elas passam mais tempo aposentadas. Por outro lado, as famílias vêm tendo menos filhos agora do que antigamente.

Assim, a proporção de trabalhadores ativos em relação aos aposentados diminuiu bastante. Segundo dados do Governo Federal, em 1980 havia 9 trabalhadores na ativa para cada aposentado; em 2016 esse número já havia caído para 6. E as projeções para 2047 falam em apenas 2 trabalhadores ativos para cada aposentado. Então, não tem jeito: a conta não fecha mais.

A tendência é que seja adotado o regime de capitalização – isto é, o trabalhador, durante seu período ativo, contribui para sua própria aposentadoria –, o que representa uma mudança radical na sociedade. Não apenas na forma de cálculo, mas também – e principalmente, eu diria – na própria relação do trabalhador com a noção de aposentadoria. No regime de repartição, a pessoa, mesmo sem perceber, delega sua aposentadoria a terceiros, isto é, às gerações futuras de trabalhadores. O INSS, que é a previdência oficial, encarna uma espécie de "deus provedor", que precisa garantir o provento dos aposentados. Com o regime de capitalização, o trabalhador sente-se diretamente responsável pela sua própria aposentadoria.

Soma-se a isso a mudança nas relações de trabalho. Existem cada vez mais trabalhadores autônomos, empreendedores individuais, que não contribuem para o INSS. Diminui-se então o número de relações patrão-empregado e aumenta-se o número de relações contratante-contratado.

Assim, a tendência é que as pessoas busquem construir sua aposentadoria não apenas por meio do INSS, mas também por outras formas, como planos de previdência privada ou constituição de poupança própria.

É aí que entra a regra do 1-3-6-9. Ela é uma fórmula que indica quanto a pessoa precisa ter poupado, em cada etapa da sua vida, para ter uma aposentadoria mais confortável, ou com menos sustos.

Segundo essa regra simples e prática, a pessoa precisa ter, aos 35 anos de idade, o equivalente a 1 vez a sua renda anual; aos 45 anos, o equivalente a 3 vezes; aos 55 anos, 6 vezes; e aos 65 anos, o equivalente a 9 vezes o valor da sua renda anual.

Traduzindo em números, vamos tomar como exemplo uma pessoa que tenha renda mensal de R$ 3 mil. Sua renda anual, se incluirmos o 13º salário e mais 1 terço de férias, seria de R$ 40 mil. Assim, segundo a regra, para assegurar essa renda na aposentadoria, a pessoa precisa ter, aos 35 anos de idade, uma reserva financeira de R$ 40 mil. Aos 45 anos, 3 vezes sua renda anual, ou seja, R$ 120 mil. Aos 55 anos, 6 vezes, ou R$ 240 mil. E aos 65 anos, R$ 360 mil, equivalente a 9 anos de renda.

É claro que não basta ter o dinheiro parado na conta bancária ou em aplicações ruins. A regra do 1-3-6-9 é um parâmetro, não uma fórmula mágica que vai substituir o "deus provedor" do INSS. A pessoa precisa cuidar bem desse dinheiro, investir de forma segura, inteligente, de acordo com seus planos.[1]

E então? Em que ponto você está na regra do 1-3-6-9? Já tem reserva financeira compatível com sua idade? Se sim, parabéns, mas não pare por aí! Quanto maior a reserva, mais conforto na aposentadoria. Se ainda não tem, não perca tempo! Comece desde já a organizar sua vida financeira para conseguir poupar mais a cada mês e garantir sua tranquilidade no futuro!

---

[1] Para saber mais sobre como investir de forma inteligente, leia o texto "Investimentos e investidores", nesta mesma seção.

BITCOIN: O QUE É ISSO?
VALE A PENA INVESTIR?

Frederico Torres

Não há nada tão perturbador
para o bem estar e capacidade de
julgamento de um indivíduo
do que ver um amigo ficar rico.

(Charles Kindleberger)

Antes de entrar no mérito, devo dizer que foi difícil decidir se deveríamos ou não incluir este assunto no livro. Em nossa maioria, somos conservadores, pois valorizamos bastante cada real, como você já deve ter lido no texto sobre controle financeiro do Ewerton Veloso, por exemplo. E o bitcoin é o contrário disso. Além do mais, é só acabar de escrever o texto para ele já ficar desatualizado. Afinal, a trajetória das criptomoedas é uma montanha-russa. Incluí-lo, portanto, tem suas desvantagens, mas não há aquela frase famosa que diz que "o artista tem de ir aonde o povo está"? Então, se existe muita gente curiosa sobre o assunto, lá vamos nós!

Você já deve ter ouvido falar do bitcoin, certo? Se não, certamente algum dia ouvirá! Mas o que é, de fato, o bitcoin? Vale a pena investir nele? Pois é, essas são as perguntas que muitas pessoas têm feito hoje em dia...

Grosso modo, aí vai minha opinião: podem até existir boas razões para apostar no bitcoin, mas o principal motivo que está levando mais e mais pessoas a investir na criptomoeda do momento é meramente porque o valor dela está subindo. E isso é preocupante! Geralmente, bolhas no mercado financeiro ficam perceptíveis depois que estouram. Nesse caso, nem foi preciso estourar... Mas vamos a um pouco mais de detalhe: para começar, explicaremos rapidamente o que é e como funciona.

O que é o bitcoin?

O bitcoin foi criado em 2008 por um sujeito desconhecido, cujo pseudônimo é Satoshi Nakamoto, e começou a circular em 2009. Imagine... Não se sabe nem quem criou o danado! Começa aí o grau de incerteza.

Considerada a primeira criptomoeda descentralizada do mundo, sua tecnologia tem sido copiada e aprimorada em diversas outras criptomoedas atualmente em circulação. Aqui vai um reconhecimento: a tecnologia usada como infraestrutura dessa invenção – propositalmente, não vou chamá-la de moeda – é inegavelmente inovadora. Mas, afinal, o que é uma criptomoeda? Ela existe de verdade?

Criptomoeda é uma moeda digital descentralizada e criptografada. Ela não tem cédulas ou moedas físicas, tudo acontece no meio digital. Aliás, boa parte do dinheiro tradicional, hoje em dia, também não precisa ser físico para ser aceito. Aquele seu dinheiro que se encontra nos bancos, que é transferido entre diversas contas ou utilizado em meios de pagamento eletrônico, também circula apenas no meio digital. Apesar de não mais ser necessário que o dinheiro tradicional tenha características físicas, há, contudo, algumas diferenças fundamentais entre a moeda física e o bitcoin.

Ainda que muitos não considerem o bitcoin como uma moeda, ele atende a algumas características de uma moeda convencional, já que, mesmo de forma limitada, ele pode ser trocado por bens e serviços, ser utilizado em transferências, além de contar com um grande diferencial desejável em toda moeda: é praticamente impossível falsificá-lo.

Os entusiastas do bitcoin alegam que ele conta também com outras vantagens que o tornam, na realidade, melhor que a moeda tradicional. A principal delas é que, além de moeda, ele é um sistema de pagamentos eficiente e confiável que possibilita ultrapassar as fronteiras físicas dos países, graças ao poder da internet. Assim, uma pessoa pode enviar com facilidade seus bitcoins para qualquer lugar do mundo de forma simples, rápida e segura. O usuário também pode efetuar pagamentos diretamente por meio de celulares, armazenar uma infinidade de bitcoins em um pequeno dispositivo (chip, pendrive) ou guardá-los na conhecida "nuvem", ou seja, na própria internet.

Reconhecemos que há, ainda, uma série de ineficiências no funcionamento do sistema financeiro que encarecem bastante alguns produtos e serviços para a população. Certamente, serviços de pagamento e transferências de recursos são alguns deles, nos quais o cidadão paga caro, e a perspectiva das criptomoedas é de barateá-los. Mas daí dizer que é mais confiável, é um grande salto, para o qual ainda não estamos preparados. Resumindo: ainda não dá para dizer isso. Aliás, acho que é o contrário. O sistema tradicional ainda é mais confiável, por toda a estrutura e garantias que o envolvem. Tentarei explicar em seguida.

O que torna o bitcoin diferente do seu dinheiro no banco e, de fato, muito inovador frente às demais moedas tradicionais (dólar, euro, yuan, real, etc) é que ele se propõe a eliminar a necessidade de uma autoridade monetária e dos intermediários para garantir o seu lastro e a segurança das transações. Isso ocorre justamente pelo fato de o bitcoin, além de uma moeda, ser um sistema de pagamentos eficiente, baseado em protocolos de código aberto.

Faço aqui uma nova ressalva, desta vez, sobre a alegação de que o bitcoin elimina a necessidade de intermediários. Não é bem assim. Afinal, para "entrar no jogo", um interessado precisaria converter seu patrimônio financeiro – que, atualmente, se encontra em alguma das moedas tradicionais – em bitcoins, e isso só pode ser feito através de corretoras que operam justamente por meio do sistema tradicional.

Dessa forma, o bitcoin é totalmente independente de qualquer autoridade central, e todas as suas transações são públicas e registradas de forma imutável em um banco de dados público e distribuído (blockchain). As transações são auditadas e validadas pelos chamados "mineradores", que investem grande poder computacional nesse processo de validação, recebendo por esse trabalho uma pequena recompensa em bitcoins.

Mas vale a pena investir no bitcoin?

Saindo um pouco da parte técnica do funcionamento do bitcoin, retomemos a pergunta que interessa: devo investir nessa moeda?

Se olharmos para a valorização, ficamos realmente impressionados. Somente entre janeiro e outubro de 2017, o bitcoin valorizou-se 490% em relação ao real. Algo de encher os olhos da maioria dos investidores, não é mesmo? Mas será que se trata de uma bolha? Um esquema em pirâmide como inúmeros outros que vemos por aí?

O bitcoin possui todas as características de uma bolha, inclusive, diversas pessoas de destaque na área e conhecedoras do meio financeiro já se pronunciaram publicamente confirmando isso. Se é ou não, até hoje ninguém sabe. Afinal, quem tem bola de cristal? Contudo, mesmo não tendo, alguns já se deram bem. Quem comprou US$ 100 em bitcoins, em 2010, hoje tem mais de R$ 300 milhões! É nesse retrovisor que muitos estão olhando para afirmar que é um excelente investimento. Valendo mais de US$ 6 mil no final de 2017, há quem diga que chegará a US$ 100 mil, assim como outros dizem que amanhã possa valer centavos ou, até mesmo, nem existir.

Afinal, com toda essa valorização passada, ainda vale a pena?

Tudo depende do apetite de risco de cada um! Obviamente, eu não recomendaria ninguém a vender a própria casa ou arriscar o dinheiro do "leitinho das crianças" em algo tão imprevisível e disruptivo como é o bitcoin.

Os entusiastas recomendam pensar bem, caso seja um valor cuja perda você pode assumir sem prejudicar sua qualidade de vida. Talvez, acreditar no futuro e diversificar possa valer a pena! Afinal, mesmo não podendo voltar no tempo para comprar os U$$ 100 de bitcoins em 2010, quem sabe não dá para ainda ganhar um bom dinheiro com essa história?

Eu fico com a seguinte reflexão: se eu não tenho confiança para colocar uma boa quantia nesses bitcoins, o que realmente mudaria a minha vida, tampouco vale a pena colocar uma mixaria, só para dizer que os tive e que, caso continue valorizando, ganhei dinheiro com isso!

É claro que, ao firmar essa posição, estou assumindo o risco de você, leitor, pegar este livro na prateleira daqui a uns anos e rir do meu conservadorismo. Enfim, é a vida! É a decisão que posso tomar hoje. Além do mais, esta é a filosofia do *Educando seu bolso*: não ficamos em cima do muro!

E você? O que acha?

Pais, filhos e o dinheiro

DIVERTIDA MENTE

Ewerton Veloso

> *O meu exercício predileto é pensar*
> *Passo muitas horas do dia só pensando.*
> (Arnaldo Antunes e Paulo Miklos – *Não me acabo*)

Recentemente, fui com minha família ao espetáculo *Disney On Ice*, em Belo Horizonte. Na hora do intervalo, minha filha me pediu para comprar pipoca. Concordei e fomos para a fila. Quando chegou nossa vez, aconteceu um diálogo bizarro:

— Quanto é a pipoca?

— Tem de R$ 30 e de R$ 40, senhor.

— TRINTA e QUARENTA?? Que é isso??

— Qual das duas vai ser, senhor?

[Três segundos de silêncio]

— A de R$ 30.

— Certo, senhor.

— Vocês devem receber um treinamento para não ficar com vergonha disso, né?

— Esse preço é por causa do dólar, senhor.

— Companheiro, o dólar passa longe disso... Seu patrão deve comprar o milho no Carrefour. Você sabe que isso é exploração.

— É porque é produto exclusivo, senhor.

— Parece que seu treinamento é bom mesmo. Estou vendo que você não está com vergonha.

— Tenha um bom espetáculo, senhor.

Foi assim. Agora vou tentar descrever os pensamentos contraditórios que se passaram na minha mente nos tais três segundos de silêncio (não necessariamente nessa ordem):

- Não posso me submeter a esta exploração. Preciso cuidar do meu dinheiro.
- Esses R$ 30 não vão me fazer grande falta.
- Com que cara vou escrever mais um texto no meu livro, se aceitar esse abuso?
- Minha filha quer a pipoca, me pediu e eu concordei.
- Não devo comprar. Não é por causa dos R$ 30, e sim uma questão de dignidade.
- Eu trabalho bastante, justamente para poder me permitir um luxo às vezes.
- Se ninguém comprar, essa exploração acaba.
- Tem muita gente comprando, olha o tamanho da fila.
- Não devo comprar. Eu preciso dar o exemplo para minha filha.
- Se eu não comprar, ela vai ver um monte de meninos comprando e comendo a pipoca ("O inferno são os outros") e vai ficar triste comigo.
- Se eu der o bom exemplo, no futuro ela vai ficar feliz comigo, quando entender melhor as coisas.
- A vida é cheia de imprevistos que custam mais que R$ 30. O que eu economizo hoje na pipoca pode ir para o ralo amanhã de outra forma.

Como o leitor já sabe, eu acabei comprando. Minha filha – que tem 10 anos – gostou de ganhar a pipoca, mas percebeu a exploração. E ainda fez piada: "Pai, sabe esse tempero amarelinho que tem na pipoca? Deve ser ouro". Rimos juntos, percebi que alguma coisa nós dois havíamos aprendido, e bola pra frente.

Depois fiquei pensando em outras atitudes que eu poderia ter tomado:

- Simplesmente dizer não, e explicar que não podemos concordar com uma exploração daquela.
- Dar os R$ 30 nas mãos da menina e dizer: "São seus, decida como vai usar. Se quiser comprar a pipoca, compre. Se quiser guardar, guarde".
- Não comprar a pipoca e combinar com ela que depois nós iríamos usar aqueles R$ 30 de uma forma muito melhor. E, no próximo passeio, transformá-los em uma revista, uma pulseira,

um sorvete, um saco de pipoca mais honesto e um dinheirinho para guardar no cofre.

Teria sido melhor. Paciência, agora já era. Eu não sou muito bom para tomar decisões rápidas. Na próxima vez – e haverá uma próxima, não tenho dúvidas –, posso agir de forma diferente.

Eu não poderia deixar de compartilhar essa experiência. Lidar com desejos não é fácil. Na condição de pai, então, acho mais difícil ainda. É claro que eu sei da importância de ter disciplina, ter planos, conhecer os limites, dosar permissões e restrições, enfim, tudo o que envolve o consumo consciente. Tenho me dedicado a isso a vida toda. O que não evitou que eu me permitisse cair numa armadilha. Em uma ocasião futura, vou agir de forma diferente. Espero.

A NOVA GERAÇÃO TWEEN E A RELAÇÃO COM O DINHEIRO

Lívia Senna

Em sua tese de doutorado, a pedagoga e economista Maria Aparecida Belintane Fermiano investigou o perfil das crianças e dos pré-adolescentes de hoje: os tweens. Eles foram categorizados como aqueles que têm conquistado maior autonomia no mundo do consumo e já possuem o seu próprio dinheiro.

Essa nova geração que chega ao mundo do comércio consome e quer consumir mais a cada dia. A oferta de novidades e o acesso às tecnologias proporcionados às nossas crianças são muito maiores hoje do que eram na época da infância de seus pais. Assim, as crianças, inseridas neste mundo econômico, são tratadas como clientes pelo marketing – sendo constantemente convidadas a gastar mais.

Maria Aparecida considera que esses jovenzinhos, os tweens, precisam ser alfabetizados economicamente para desenvolverem uma resistência ao grande bombardeio de incentivo ao consumo e valores e modelos que vêm sendo transmitidos e impostos por meio dos veículos de comunicação. Segundo a pesquisadora, o perfil dessas crianças e desses pré-adolescentes pode ser descrito da seguinte maneira:

- Muito ativos;
- Gostam de novidades;
- Sabem muito bem o que desejam comprar;
- Apreciam estar com os amigos;
- Permanecem pouco tempo com família;
- Entendem completamente a programação da televisão, distinguindo o que é comercial daquilo que é programa;
- Ainda não conseguem distinguir as intenções das mensagens transmitidas pela mídia;

- Estão sempre com algum dinheiro;
- Não têm noção de valores, não sabem como funciona o comércio ou o que é lucro;
- Querem o produto na loja, porque lá podem pegar e olhar concretamente;
- Não sabem comparar preços, qualidade e ofertas de diferentes lojas.

Outro ponto abordado pela pesquisadora é a estrutura cognitiva dos tweens: eles ainda não dão conta das variáveis que fazem parte da economia e, por isso, preferem se deter ao que os amigos falam, sendo capazes de se adaptar rapidamente às solicitações do meio em que vivem. Muitas vezes, não são estimulados pela família a pesquisar preço, mesmo porque nem sempre a própria família faz isso.

Essas crianças lidam com muitas informações ao mesmo tempo, assistem ao Discovery Channel e a uma série de programas. Logo, as pesquisas de marketing não perdem tempo e chegam à casa dessas crianças para ver o que fazem no seu cotidiano e descobrir as suas preferências antes de lançarem produtos por meio de propagandas muito atraentes no intervalo dos programas.

É necessário acompanhar as mudanças

Com tantas mudanças no mundo do comércio, o comportamento das crianças ao longo dos anos foi se alterando e tal fato chama a atenção dos responsáveis pela educação. É necessário acompanhar essa mudança, pois, ainda que o mundo esteja em constante transformação, devemos evoluir de forma inteligente e nos adaptar às novas realidades e tendências com equilíbrio.

Equilíbrio na formação do ser – sem excluir, sem privar; mas pensando sobre o que se vive, para que se vive e por que se vive. Aliamos a essas ações o desenvolvimento de valores e questões de identidade. Listo aqui alguns aspectos fundamentais que podem ser abordados em diferentes momentos com o jovem:

- Trabalhar a confiança e a segurança em ser ele mesmo, sem se preocupar com a opinião dos demais;
- Realizar um planejamento econômico (seja de poupar ou conhecer minimamente o mercado);
- Comparar e conhecer os preços de um mesmo produto em diferentes estabelecimentos (incluindo marcas diferentes);

- Oferecer mesada ou semanada para a criança ou o pré-adolescente começar a gerir o próprio dinheiro com orientação dos pais.

Como já estão inseridos neste mundo econômico, o trabalho com a confiança em si mesmo e com a construção de estratégias em suas compras são etapas interessantes que eles podem vivenciar todos os dias. A constância dessas ações ajuda muito a criança a se organizar, a ter noção do dinheiro, a perceber e questionar os programas e os comerciais e a fazer o que ela realmente quer com liberdade, sem ser sugestionada por este ou aquele comercial, por este ou aquele amigo em um grupo de convivência.

FILHOS

Ewerton Veloso

Você precisa aprender inglês,
precisa aprender o que eu sei
e o que eu não sei mais.
(Caetano Veloso – *Baby*)

Educar filhos não é fácil. E é tarefa para o dia inteiro, o ano inteiro. Tenho uma filha de 10 anos. Companheiríssima, tudo o que fazemos juntos vira festa. Até mesmo uma ida ao supermercado. E aí, claro, aproveito para falar um pouco sobre educação financeira.

Ela já conhece muitos macetes. Já sabe que o chocolate M&M's fica a 1 metro de altura do chão justamente para seduzir gente como ela e que a padaria fica lá no fundo para forçar que aquela "passada rápida" no supermercado não seja tão rápida assim.

Recentemente, tivemos uma aula prática. Ela sempre gosta quando eu peço para que busque alguma coisa em uma seção enquanto estou em outra. Achei que seria uma boa oportunidade para incentivá-la a fazer uma escolha entre várias opções.

– Pai, me fala alguma coisa que eu possa buscar?

– Filha, a gente precisa levar dois pacotes de pão de queijo. O que eu mais gosto é o da marca X, que costuma ser mais caro. Talvez, hoje, esteja muito mais caro do que outros que também são bons, talvez esteja só um pouco mais caro. Você vai decidir. Olhe todas as marcas, as datas de validade, olhe para a "cara" do produto, confira os preços e escolha o que você acha que compensa.

Lá foi ela, pouco depois voltou com dois pacotes de outra marca e botou no carrinho. Sem eu perguntar, me explicou o critério dela.

E ficou assim. Delegar é isso.

Pais, filhos e o dinheiro

Depois, fomos buscar um produto de limpeza. Havia duas opções da marca que eu escolhi: 500 ml e 1 l. Ela logo concluiu que, se o maior custar menos que o dobro do menor, compensa levar o maior. Eu concordei, fazendo uma ressalva: a embalagem de 1 litro representa menos lixo do que duas de 500 ml. Então, mesmo se o preço apenas empatar, já compensaria comprar a maior, por ser menos poluente.

Lembrei-me agora de uma conversa que tivemos semanas atrás. Ela estava assistindo a um desenho chamado *Ever After High – Onde as princesas são valentes!* Os protagonistas são filhos de personagens consagrados das histórias infantis – Branca de Neve, Cinderela, etc. Quando vi aquilo, já logo adivinhei – perguntei só para confirmar:

– Já tem boneca disso à venda?

– Já, várias! Vou querer uma de Natal.

Aí comecei a explicar que a gente precisa ter atenção, pois essas empresas – os personagens são da Mattel – criam essas coisas para que a criança queira ter várias bonecas, dezenas delas, e que, no fim das contas, passe a gostar mais de ganhar do que de brincar. E não consegui deixar de falar um pouco sobre a concentração de renda das grandes corporações e a exploração de mão de obra – a política está no sangue, não tem jeito.

Ela ouviu, entendeu, concordou e ficou com uma carinha de quem estava com uma pulga atrás da orelha. Mais tarde, me falou, com um ar meio aflito:

– Pai, eu entendi o que você falou. Mas eu continuo querendo a boneca assim mesmo...

Vi que ela queria muito. Sei que é novidade e que as coleguinhas vão ganhar. E, principalmente, sei que a natureza não dá saltos. Educar filhos é o dia inteiro, o ano inteiro. E é muito bacana.

APRENDENDO DESDE CEDO

Ewerton Veloso

You, who are on the road,
must have a code that
you can live by.
(Graham Nash − *Teach Your Children*)

Já pensou sobre maus hábitos financeiros de crianças e jovens? É muito importante que os pais estejam atentos e, mais que isso, reflitam se eles próprios não estão dando exemplos ruins a seus filhos.

Trago uma lista de 10 frases ditas por filhos. Elas indicam que eles podem estar desenvolvendo maus hábitos e que é preciso fazer algo:

"Se você não tem dinheiro, pague com o cartão de crédito!"

Uma sugestão como essa, vinda de um filho, indica que ele tem mais propensão a atender a um desejo do que a cuidar da sua saúde financeira no médio prazo. E, pior, já aprendeu com alguém um mecanismo simples e prático para isso.

"Podemos levar mais isto?"

Em alguns supermercados e lojas, o caminho que leva ao caixa é repleto de tentações, como guloseimas e revistas. Se seu filho cede a elas muito facilmente, ele pode estar se tornando um consumidor compulsivo. Como você se comporta em situações assim?

"Vamos comprar este aqui, é muito melhor!"

Quase sempre haverá alguma marca ou modelo melhor do que o que você está comprando, não importa qual seja o produto. A questão é: você precisa e pode pagar por um melhor? Ensine seus filhos a se fazerem essa pergunta.

"Por que eu também não posso ter?"

Seu filho chega em casa contando do brinquedo fantástico que o colega dele tem e pergunta se não pode ter um igual. Você, naturalmente, explica que não devemos comparar o que temos com o que os outros têm, que cada família tem suas prioridades e condições, e que tantas outras famílias têm menos do que a sua. Mas, reflita: alguma vez você já pensou em comprar um carrão igual ou melhor que o do seu vizinho?

"É melhor sobrar do que faltar."

Na maioria das vezes é desagradável sentir que a quantidade não bastou para satisfazer as pessoas – seja em uma festa, em um restaurante ou recebendo amigos em casa. O que não quer dizer que deixar sobrar seja normal. Não estimule seu filho a comprar batata frita e refrigerante gigantes apenas porque a diferença em dinheiro parece pequena.

"Não olhei o preço."

Saber o quanto se paga por cada coisa é um hábito básico em qualquer compra. Naquelas não tão baratas, e em que o preço pode variar muito – roupas, por exemplo –, isso é especialmente importante. Deixe isso claro.

"Você pode adiantar minha mesada?"

O dinheiro do seu filho acabou antes do previsto? Está difícil esperar pelo próximo mês? Ensine-o a não deixar isso acontecer porque, quando ele crescer, haverá algo chamado cheque especial, que não é tão camarada quanto os pais dele.

"Não tenho onde guardar mais este."

O guarda roupa está cheio e novas roupas – ou brinquedos, ou revistas – chegam. Das duas, uma: ou uma bela doação de usados poderá ser feita, ou não havia necessidade de novos.

"Você não acha que eu mereço?"

Quem não acha que merece tudo de bom nessa vida, não é mesmo? Que tal ensinar ao seu filho que ter bens materiais não é apenas questão de merecimento, mas também de necessidade e possibilidade?

"Não posso perder essa oferta!"

Frase típica do endividado. Se você não precisa do produto, você pode, sim, perder essa oferta. Mas se você deseja comprar, o preço está bom e você pode pagar sem transtorno, você pode aproveitá-la. É importante saber – e ensinar – a diferença entre não poder perder e aproveitar uma oferta.

CRIANÇAS E JOVENS: MUNDO GLOBALIZADO E O CONSUMO

Lívia Senna

O fenômeno da globalização vem provocando transformações radicais na economia, na sociedade e, consequentemente, no comportamento das crianças e dos jovens da nossa sociedade. Desde a Segunda Guerra Mundial, o núcleo familiar tem se alterado muito, culturalmente, assim como o conceito e a compreensão sobre o que é a infância. Em outros tempos, entendia-se que as crianças tinham que simplesmente obedecer. Hoje em dia, observa-se que, dentro de casa, os filhos são questionados, são convidados a participar e a dar sugestões sobre vários aspectos da vida cotidiana, desde as compras de um simples alimento, um móvel ou um equipamento eletrônico. As crianças e os jovens participam de tudo, contam com muitas informações cada vez mais cedo e observa-se claramente que um dos fatores estimuladores nesse cenário é a influência da mídia.

O mundo globalizado interfere diretamente na forma de viver das crianças e dos adolescentes e isso independe do nível socioeconômico deles. Como todos têm, de alguma forma, acesso à mídia, o modo como a informação chega a eles provoca sérias mudanças em seu comportamento. Um aspecto muito negativo identificado é o fato de a própria criança ou jovem se sentir à margem porque não tem o produto X ou Y que chega ao seu conhecimento por meio dos veículos de comunicação.

Um grande desafio encontrado na atualidade é *como lidar com esta questão nos ambientes escolares,* tendo em vista que, em geral, as próprias instituições não estão alfabetizadas economicamente para orientar as crianças e os jovens.

Educar economicamente não era tema curricular, já que o contexto em que se vivia não solicitava constantes tomadas de decisões econômicas tão cedo. Hoje, ao contrário, o contexto de globalização solicita novas alfabetizações: a digital, a política e a econômica. Essa necessidade, apoiada na atualidade, precisa envolver a família, já que ela é a responsável por dar dinheiro para a criança; e precisa envolver também outros agentes de socialização.

Uma família financeiramente desorganizada é a que não consegue se controlar e gasta mais do que pode. Num contexto assim, surge a questão: como educar financeiramente a criança e o jovem se os próprios pais não receberam esse tipo de educação? Tais crianças vivenciam um ambiente em que as novas alfabetizações digitais, econômicas e midiáticas não fazem parte do contexto familiar. De uma forma ou de outra, a responsabilidade pode acabar recaindo sobre a escola.

Em minhas pesquisas, venho constatando que a educação financeira deve ocorrer também para o educador (pais, professores, familiares e amigos que estejam em contato com a criança). Estando bem informado e atualizado, este educador pode conhecer melhor a faixa etária com a qual lida, as suas características e quais são os conceitos e conteúdos da economia e análise da mídia que podem ser trabalhados com a criança para que ela mesma possa construir seus conceitos e valores sobre o consumo e o bom uso do dinheiro.

Em resumo: para que as novas gerações estejam preparadas para lidar bem com os desafios financeiros quando chegarem à vida adulta, é preciso que quem conduz hoje a educação delas busque se formar e se informar mais a respeito, se adaptando à realidade do nosso tempo.

VINTE DICAS PARA SUA
SAÚDE FINANCEIRA – E DE SUAS CRIANÇAS

Lívia Senna

Quando participei da programação comemorativa dos 10 anos do Programa Procon Mirim, do Ministério Público de Minas Gerais, tive acesso ao material distribuído e conversei com alguns participantes. Foi interessante saber o quanto – e como – eles tratam do mundo das finanças.

Da cartilha publicada por eles, transcrevo livremente as vinte dicas preciosas para o manejo da economia pessoal. São informações importantes para os adultos praticarem e para que as crianças e os adolescentes construam uma relação positiva com o dinheiro e com o consumo. Afinal, dinheiro não deve ser um vilão, mas sim um aliado, certo?

1- Nunca gaste todo o seu salário. É sempre bom manter uma reserva para qualquer emergência.

2- Registre em duas colunas:
Coluna 1: Quanto você ganha.
Coluna 2: Despesas mensais (incluindo sua poupança pessoal – esta parte é minha sugestão pessoal).

3- Comece economizando uma porcentagem do seu salário e invista esta quantia.

4- Não faça empréstimos se você realmente não precisar muito.

5- Pague integralmente as parcelas do seu cartão de crédito.

6- Tenha no máximo um cartão. Sabe o aviso "beba com moderação"? Com cartão é a mesma coisa: beba, ops, utilize com moderação!

7- Cuidado com as despesas embutidas... Na compra de um bem existem impostos, seguro, dentre tantos outros.

8- Crie metas em curto, médio e longo prazo. Não se guie pela emoção, equilibre seu consumo com a razão.

9- Educação financeira começa em casa: necessidade, responsabilidade, exemplo, economia.

10- Tenha apenas uma conta bancária – isso facilita o controle.

11- Use o cheque especial em último caso (de preferência, nunca).

12- Atenção com produtos e promoções de telemarketing. Pesquise antes de fechar negociações apenas por telefone.

13- Planeje, planeje e, ó, planeje! Despesas fixas e variáveis. Não deixe de viver, mas planeje o que for viver.

14- Utilize o 13º salário para se livrar de dívidas, depois pense em compras de Natal, viagens, etc.

15- Tente criar uma reserva financeira de seis vezes o valor das suas despesas mensais. Pode parecer impossível, mas não é – o que é preciso é organização e disciplina.

16- Cuidado com os gastos supérfluos: aquela nota de R$ 100 que, de repente, vira três de R$ 10 e você nem viu onde foi parar o resto.

17- O vendedor sabe vender, sabe encantar e sabe seduzir. Não perca o foco, só compre o que realmente precisar.

18- Listas são sempre bem-vindas. Antes de ir, por exemplo, ao supermercado, liste o que está faltando em casa e tente manter o carrinho dentro do que foi colocado no papel.

19- Leia, pesquise, faça cursos, descubra e se informe sobre educação financeira e consumo consciente.

20- Saiba seus direitos como consumidor, sempre.

Em síntese, são algumas coisas que todos sabemos mas, muitas vezes, esquecemos de praticar.

CRISE PARA MENORES

Frederico Torres

Certa vez, dei uma entrevista para uma inteligente menina de 10 anos de idade. Ana Clara Cotta era então aluna do 6º ano do Colégio Santo Antônio e queria que eu explicasse conceitos que a ajudassem a compreender o cenário de crise econômica.

Como achei suas perguntas muito interessantes, exponho-as aqui. Quem sabe assim acabo incentivando pais e professores a conversarem sobre isso com a garotada.

1. O que é a economia de um país?

A economia de um país é o conjunto de tudo o que é produzido nele. Isso vale para você, Clarinha, quando compra um picolé na frente da escola, um novo par de sapatos ou quando vai ao cinema. Pense nos seus pais, quando pagam sua escola, compram seus livros, abastecem o carro ou constroem e vendem apartamentos. Todos estamos consumindo ou produzindo bens (que na verdade é uma palavra bonita que os adultos usam para coisas), entende?! A soma disso tudo é a economia.

2. O que são fatores macroeconômicos?

O microscópio, que você já deve ter usado para fazer um experimento de ciências, é para ver coisas pequeniníssimas, né?! Micro quer dizer pequeno. Macro é o contrário de micro, ou seja, quer dizer grande. Em Economia, macro é tudo o que afeta muita gente, ou quase toda a população. Vou dar alguns exemplos de fatores macroeconômicos: a taxa de juros, que é o preço do dinheiro; a inflação, que é a medida do aumento de todos os preços; a cotação do dólar, que é o quanto está valendo o dinheiro que se usa nos Estados Unidos e que o mundo inteiro aceita. Qualquer variação nesses pontos tem efeito nas vidas de praticamente toda a população e, por consequência, em toda a economia. Exemplo: se o dólar fica caro, menos crianças vão passar as férias na Disney, pois essa cotação desfavorável acaba encarecendo a passagem do avião, os ingressos para entrar no parque, os preços dos hotéis, etc... Se menos gente compra passagens, entradas para parques ou paga diárias de hotéis, a economia cresce ou diminui? Diminui, não é mesmo?! São menos negócios. Menos coisas sendo compradas ou consumidas. Percebe?!

3. O que as pessoas querem dizer quando dizem que o Brasil está em crise na Economia?

É justamente o exemplo que dei na resposta anterior. As coisas estão encarecendo e as pessoas têm de gastar menos, senão o dinheiro acaba. O problema é que isso acaba causando desemprego. Imagine a vida dos pilotos e das aeromoças. Como menos gente está viajando, parte deles pode ser demitida. Perder o emprego é muito difícil para a pessoa e para a família dela. Já pensou uma criança, que é filha de um piloto e uma aeromoça, e os pais perdem o emprego ao mesmo tempo?

4. Por que o Brasil está nesta crise?

Porque os brasileiros gastaram demais e gastaram mal no passado – especialmente o governo. Pense nas suas aulas de educação física, quando você tem de fazer uma corrida longa. Se você sair correndo rápido demais no início, provavelmente não conseguirá chegar ao fim, não é mesmo?! Então, grande parte dos brasileiros, incluindo o governo, gastou demais ou correu rápido demais nos últimos anos e agora está tendo de pagar o preço. É como aquela parada para respirar na corrida, para se recompor do ritmo muito acelerado do início. Ela não dura a vida inteira e, de certa forma, pode ser até regeneradora, mas na hora em que você está lá com falta de ar e dores porque exagerou não é nada agradável, não é?! Então, esta é a crise!

5. Como a população pode conviver com a crise?

Ajustando-se. Você verá que a vida é cheia de novas situações que requerem ajustes. Quando você mudou de escola, não teve de se ajustar? Novos professores, novos colegas, etc. Com a crise é a mesma coisa. Temos de evitar gastos desnecessários, nos esforçarmos um pouco mais para mantermos nossos empregos, planejarmos direitinho todas as contas. A crise diminui o espaço para erro, sabe? É como se o seu papai estivesse bem bravo. Atenta, naquele momento, você passa a ter mais disciplina, pois sabe que qualquer deslize da sua parte vai dar um problemão, aquela bronca ou aquele castigo, não é isso?

6. Como crianças de 9 a 12 anos podem ajudar o Brasil?

Já falei que a vida é cheia de ajustes, e isso vale também para as decisões. Todo dia temos de tomar decisões, algumas delas com grandes impactos para nossas vidas. E nós, adultos, tomamos muitas decisões erradas, acredite. Assim, estudando muito, você aprenderá bastante e poderá ajudar seus pais a tomar as melhores decisões, inclusive aquelas relacionadas a dinheiro, ou como chamamos, decisões financeiras. Imagino que você tenha educação financeira na sua escola. Conheço algumas crianças que ajudam os pais a não desperdiçar dinheiro. Isso já é uma grande ajuda. É claro que depois você levará todo o aprendizado para a sua própria vida, quando adulta. O país é tão melhor quanto melhores forem as decisões tomadas por cada um de seus habitantes.

7. Qual é o papel do economista para o país nesta situação?

O que um economista faz para a economia é como o que um médico faz para a saúde. Se você está com um problema de saúde, doentinha, vai ao médico, ele faz alguns exames e lhe receita um tratamento. Se a economia está doente (ou em crise, que é como chamamos), nós economistas também fazemos exames. Pegamos um montão de dados, usamos um bocado de matemática para analisar todos os números e fazemos um diagnóstico – como o médico. O problema é uma infecção no ouvido ou o problema é um desequilíbrio nos gastos do governo – que gasta mais do que ganha. No caso do médico, ele receita um antibiótico para curar a infecção; no do economista, uma revisão do orçamento do governo (orçamento é outra palavra chique que os adultos usam para se referir ao conjunto de ganhos e gastos).

8. Como o Banco Central atua diante disso?

Você se lembra da história das decisões? Então, cada pessoa toma decisões que afetam diretamente sua vida. O Banco Central toma decisões grandes, que afetam a vida de todos. Lembra-se dos fatores macroeconômicos? Pois é, o Banco Central toma decisões que mexem com esses fatores, que por sua vez mexem com a vida de todos. Um exemplo é quando o Banco Central aumenta a taxa de juros: mais pessoas acabam se sentindo incentivadas a aplicar o dinheiro, porque ele passa a render mais; com isso, sobra menos dinheiro para consumir. Com menos gente consumindo, o dono do supermercado, por exemplo, não consegue aumentar tanto o preço dos produtos (às vezes até tem de reduzir, fazer uma promoção). Se todos ou grande parte dos donos de supermercados reduzem seus preços, isso faz cair a inflação — o que geralmente é bom para toda a população, pois com a mesma quantidade de dinheiro se pode comprar mais bens, mais coisas.

MESADA PARA OS FILHOS: EIS A QUESTÃO

Frederico Torres

Em tempos em que, felizmente, filhos têm contato com educação financeira até na escola, é certo ou não dar a eles mesada? Não se trata de uma questão fácil. Vou tentar respondê-la não na condição de pedagogo, mas como conhecedor das finanças e, principalmente, como pai.

Acredito que podemos formar crianças que têm boa relação com o dinheiro com ou sem mesada, ou seja, esse pagamento constante pode até ajudar, mas não é indispensável. Conheço, aliás, muitos adultos que nunca ganharam mesada enquanto crianças e que hoje têm ótima relação com o dinheiro. Ah, e há também aqueles que ganharam seus trocados desde cedo e que hoje se atrapalham com as finanças.

O que quero dizer com isso? Que a mesada pode ser uma ferramenta, dentro de um conjunto de práticas e comportamentos, que os pais devem usar para ajudar a formar devidamente seus filhos. Para aqueles que querem adotá-la, sugiro que façam de forma que auxilie as crianças a entenderem que:

1- O dinheiro não cai do céu, é o esforço que o produz. É importantíssimo, a meu ver, que a criança valorize o trabalho. Na prática, pode ser como aquela limpeza no carro, que gera para eles um troquinho. "Opa, se fizer um esforço a mais, ganho uma grana a mais." Note bem, é diferente da premiação financeira pelo cumprimento de obrigações. Sou contra isso! Acho que há certas coisas que a criança tem que aprender desde cedo que ela faz para si mesma e não para os pais. Um exemplo que vejo direto e com o qual não concordo é o "pago tanto por um 10 na prova!". Pode até surtir algum efeito no curto prazo, mas pensem na cultura que isso cria e no comportamento que incentiva. E no dia em que não tiver ninguém pagando pela nota? Ou pior: e quando ela tirar um 10 (no trabalho) e não ganhar necessariamente alguma coisa?

2- O dinheiro é finito. Em outras palavras, não adianta dar mesada se, quando ela acaba, os pais complementam ou dão as coisas por fora. Dessa maneira, a criança não aprende sobre a limitação dos recursos.

3- Algumas coisas também não caem do céu e custam dinheiro. Bom, acho que esta é a vantagem mais direta do bom uso da mesada. Quando eles gastam seu próprio dinheiro para comprar algo que querem, aprendem isso na prática. Há, porém, outras maneiras de transmitir a mesma mensagem. Nesse sentido, considero o cartão de crédito um grande vilão, pois passa a imagem de pagamento sem esforço, sem custos e sem limites. Não acredita? Converse com seu filho sobre o cartão de crédito e verá que muitos deles o veem como um instrumento que resolve problemas financeiros em um passe de mágica. Bom, pensando bem, ainda tem muito adulto que pensa assim também, né?!

4- Finalmente, devemos criar uma relação positiva com o dinheiro. Digo isso para aqueles pais que ficam negociando com a mesada: "se você não fizer tal coisa, corto sua mesada", "ou você me obedece ou fica sem mesada". Quando escuto essas coisas, fico pensando: Gente, quem manda nesta casa? São os pais ou é o dinheiro? E mais, a meu ver, esses acordos fazem com que a criança crie uma relação negativa com o dinheiro, afinal ela está sendo chantageada o tempo todo por meio dele. É completamente diferente de ela, por exemplo, fazer pulseirinhas com elásticos coloridos para vender na escola e, assim, ganhar uma graninha – além, é claro, de se sentir bem, criativa, capaz, útil, valorizada, etc.

JOVENS, RISCOS E SUCESSO FINANCEIRO

Leandro Novais

Há idade certa para se tornar um milionário? Sem patrimônio prévio ou herança, a solução está em concentrar esforços em duas iniciativas básicas: gerar renda e poupar parte deste dinheiro. Com alternativas de poupança da renda, é possível realizar seu sonho por volta dos 40 anos. Quanto mais cedo começar, com o tempo sempre jogando a favor, menos será necessário poupar para fazer seu primeiro milhão...

Notícias que relacionam frequência de riqueza e idade, me fazem pensar, entretanto, sobre outro ponto do esforço: a geração de renda.

A revista *Forbes* recentemente trouxe esta constatação: há muitos jovens na lista dos mais ricos do mundo, como os líderes digitais Jeff Bezos, da Amazon, ou Mark Zuckerberg, do Facebook. E outros, já mais idosos, mas que se tornaram ricos ainda jovens, como o próprio Bill Gates, da Microsoft. A publicação chega a apontar, com base em um estudo de pesquisadores do banco central norte-americano (o Federal Reserve), que "se você não ficou rico até os 45 anos, talvez você deva desistir".

O que explica tal constatação? De certa forma, há um contrassenso com a ideia do tempo jogando a favor. Ou seja, posso fazer "meu milhão" em qualquer idade, mesmo mais velho. Claro que pode acontecer! No entanto, quando pensamos na geração de renda, a chance de você ter uma ideia criativa, com bons resultados, é maior quando se é jovem. O mesmo raciocínio se aplica ao estabelecimento de um empreendimento de sucesso.

O que está por trás aqui é justamente a maior disposição dos jovens em assumir riscos, aceitando ou enfrentando desafios. Isto fica muito evidente com os bilionários da indústria de tecnologia e suas criações. Se os projetos não obtêm sucesso, o tombo financeiro geralmente não é tão grande. E mesmo que haja uma perda financeira significativa, a chance de recuperação ainda é boa. "Sou jovem e o tempo novamente joga a favor", eis o raciocínio.

Por outro lado, quanto mais a idade avança, mais conservadora tende a ser tornar a pessoa. Normalmente, do ponto de vista financeiro, sua carreira já entrou em "voo de cruzeiro", já se estabilizou. Não é hora mais para grandes aventuras e riscos. Há mais compromissos. A família já cresceu. Os filhos estão na escola.

Conclusão: se o tempo sempre joga a favor para ser um milionário, aproveite enquanto você é jovem. Seja disciplinado e poupe, mas também não deixe de se arriscar um pouquinho. Quem sabe você não se torna um milionário muito antes dos 40?

O DILEMA DOS PAIS

Ewerton Veloso

Você culpa seus pais por tudo
Isso é absurdo
São crianças como você
O que você vai ser quando você crescer.
(Renato Russo – *Pais e filhos*)

Educar filhos não é fácil. O mundo está cada vez mais violento e insalubre e as relações humanas andam desgastadas. Em nosso assunto específico, educação financeira, um fator que dificulta o papel dos pais é o velho inimigo que venho apontando: o consumismo.

As pessoas de modo geral, e as mais jovens especialmente, vêm sendo bombardeadas por ações de marketing de todo tipo. Das que as induzem a comprar os mais diversos tipos de produtos e serviços às que ditam normas de comportamento e conduta.

O recado do mercado é bastante claro. É como se ele dissesse: "nós apenas apresentamos produtos, não obrigamos ninguém a comprar; se os pais não querem que os filhos consumam, basta dizer 'não', e ponto final. Eles precisam dar conta". Ocorre que não é tão simples assim. Os pais têm dificuldade para impedir que a onda consumista atinja seus filhos. Se eles dizem o difícil "não", sempre haverá amigos dos filhos cujos pais dizem "sim". E aí, pronto. Os filhos se sentem deslocados, excluídos e, não raro, pouco amados.

Esse é um ponto importante. Os pais não vêm tendo tempo para muita coisa além de cumprir obrigações. E, muitas vezes, procuram compensar a falta de tempo proporcionando mais consumo aos filhos. Se negam o consumo, é como se negassem o amor. É claro que as coisas não são assim, mas muitas pessoas agem como se fossem.

Some-se a isso o fato de que muitos pais são, eles próprios, grandes consumistas. Estimulam o consumo nos filhos não para compensar falta de tempo, mas porque acham que consumir é sempre bom, bacana, prazeroso. Então estão o tempo todo trocando de carro, de celular, de lavadora de roupas, enfim, de todos esses produtos tratados cada vez mais como descartáveis.

Vou trazer de volta ao assunto um agente importante: a escola. Pais têm delegado à escola a tarefa de educar integralmente seus filhos. Não percebem que o papel da escola é de protagonista no ensino e na instrução dos filhos, e de complementar a educação. Então a escola é obrigada, muitas vezes, a tentar educar os pais. De que adianta transmitir valores e hábitos responsáveis aos filhos se, em casa, os pais dão exemplos opostos?

Resumindo: a situação está meio infernal, parece não haver para onde correr. O movimento contrário a isso é recente e, ainda, um tanto tímido. Aos poucos vemos, aqui e ali, textos e falas mais críticos a esse estado de coisas. No dia a dia, cada um de nós pode ficar atento aos próprios hábitos. É mais fácil e cômodo acreditarmos que "o inferno são os outros", como disse Sartre. Mas que tipo de companhia você tem procurado para seus filhos? E que tipo de exemplo você tem sido para eles? Pense nisso. E, se for o caso, modifique-se. Dá trabalho, mas vale a pena.

A tecnologia pode me ajudar?

BIG BROTHER FINANCEIRO

Frederico Torres

A expressão parece esquisita para quem não é do meio: escore de crédito. E dá panos para a manga. Não à toa, recentemente, órgãos de defesa do consumidor e empresas financeiras travaram queda de braço sobre a legalidade ou não da implementação de tal sistema no Brasil.

Trocando em miúdos, o escore é a ferramenta que classifica o cliente quanto às chances, maiores ou menores, de se tornar devedor. E isto é criticado por órgãos de defesa do consumidor.

Que bicho é esse? É como se fosse um robozinho que junta uma grande parte dos seus dados financeiros e comportamentais, que já estão acumulados em vários computadores por aí, para dar uma nota ao seu perfil.

Nota? Sim: nota dez para o bom pagador e zero para quem deve aos bancos, financeiras, administradoras de cartão de crédito, etc... Se você levou um zero, esperam que vai dar o calote novamente. Em outras palavras, cada atraso em um pagamento de conta de água, luz ou telefone – ou ainda se entrar na Justiça contra um banco, por exemplo (querendo renegociar um contrato) – isso vai contar contra você. Resumidamente, é isso.

Não entro nessa seara para me posicionar ao lado de A ou B, apesar de achar que cada um deve pagar de acordo com sua condição. Já ouviu falar aquela expressão "cada um que dê conta de si mesmo"? Ou "os justos não devem pagar pelos pecadores"? Pois é...

Mais cedo ou mais tarde existirá aqui no Brasil um sistema de escore funcionando, como, aliás, existe em vários outros países onde o crédito é mais desenvolvido – e bem mais barato. Portanto, deixo aqui apenas um conselho: crie um histórico de crédito positivo, pois isso irá lhe ajudar no futuro.

Explico: sua falta de planejamento financeiro, que faz com que você atrase um pagamento bobo, daqueles de três ou quatro dias em uma conta de telefone, fará com que sua nota (ou escore) caia de 8 para 7, por exemplo. No futuro, essa avaliação pode lhe custar uma fortuna em taxas de juros mais caras exigidas pelos bancos. Simples assim.

Tá achando que é futurologia? Nada disso. Essa prática, na verdade, já começou. É fato. Taxas bem mais baixas estão sendo oferecidas no financiamento de automóveis para os bons pagadores. É isso aí: milhares de reais na mesa para quem leva a sério as suas finanças pessoais.

O QUE A INTERNET TEM A VER COM SEU DINHEIRO?

Leandro Novais

O que a internet tem a ver com seu dinheiro? Bastante, mas não tanto quanto ainda vai ser. Pelo menos no sentido de poder administrá-lo, para fazer investimentos, ou de permitir transferências de recursos sem que você necessite do sistema financeiro tradicional de bancos. Mas a velocidade da mudança tecnológica é assustadora e vale a pena conhecer o que já começa a ser oferecido e quais são as promessas para um futuro próximo.

Primeiro, uma baita constatação: a internet, com o Google, o Facebook e a Amazon, para ficar nos exemplos mais significativos, revolucionaram a indústria da música, dos livros, dos jornais, dos supermercados, e mais recentemente dos táxis. Por que não poderiam ameaçar os bancos nos seus serviços e na gestão de ativos?

Então, o que a internet poderia fazer? Em uma resposta objetiva e simples: eliminar intermediários. Quando pequenos poupadores, como você, procuram consultorias financeiras ou bancos com planos de economia para a velhice, estes indicam, por exemplo, o aporte de recursos em fundos de previdência. Os fundos, por sua vez, realizam a gestão dos ativos aplicando no mercado financeiro em inúmeros papéis, de renda fixa ou variável. Há aqui uma nova gestão dos recursos. No final das contas, os intermediários precisam ser remunerados por comissões. Isso desperdiça recursos! Veja: mesmo no caso do Tesouro Direto, que é um bom investimento, é preciso um intermediário – com conta aberta – para negociar os títulos públicos. A ideia é eliminar ou reduzir isto.

Vamos aos exemplos. O mais intuitivo é fazer operações de transferência de recursos sem usar o sistema tradicional dos bancos. Desde março de 2015, o Facebook já permite aos usuários americanos transferir dinheiro como se envia uma foto ou texto pela rede social. Basta associar seu cartão de débito à conta no Facebook, clicar em um dólar sinalizado no aplicativo, colocar a quantia e enviar. Ainda que o relacionamento bancário seja indispensável, você transfere o dinheiro, nesse exemplo, já sem usar o banco. Não demora a chegar ao Brasil!

O Gmail, serviço de mensagens eletrônicas do Google, possibilita o mesmo no Reino Unido. E outro aplicativo, chamado Snapchat, que permite trocar fotos instantâneas, também oferece o serviço, com o sugestivo nome de Snapcash. O iPhone, da Apple, já vem integrado com um sistema de pagamento automático. Basta aproximar o telefone de um leitor de transação e o equipamento faz o reconhecimento da impressão digital registrada no aparelho.

Se isso lhe parece ainda muito distante, não se assuste. Tal realidade pode mudar muito rápido e surpreender. Começa com a simples transferência de recursos, mas pode chegar também à administração do seu dinheiro. Se os gigantes da internet conseguirem bolar alternativas para eliminar intermediários financeiros, pode ter certeza de que eles irão para a briga.

Obviamente, isso ainda está longe do grande público. Mas pode apostar que as barreiras psicológicas irão cair. Há 15 anos, o comércio eletrônico não era uma realidade para a maioria das pessoas. Hoje é! E, no mundo das redes virtuais, eu pergunto: hoje, quem sabe mais da sua vida pessoal ou da sua vida financeira e de suas dívidas, o seu banco ou o Google e o Facebook?

COMPRAS PELA INTERNET

Lívia Senna

Televisão, geladeira, colchões – sim, colchões –, roupas, alimentação... Nos tempos atuais, as facilidades no dia a dia chegam a todo vapor. Com a rotina cada vez mais apertada, o trabalhador tem tido cada vez menos tempo para ir de loja em loja pesquisar o que pretende adquirir. Realizar a compra do que precisa pela internet é uma boa opção para essas pessoas... Ou não?

Pessoalmente, há alguns bons anos realizo compras pela internet. Hoje em dia, compro até mesmo pelo celular. Conversando com amigos, entretanto, sempre surgem muitas dúvidas:

- O produto é como na foto?
- É de qualidade?
- Qual a garantia?

OK. Então vamos aos prós e contras, além de dicas espertas para que o procedimento seja feito de forma segura.

Aspectos positivos

Comparativo de preços - Sabemos que, pela internet, em um só clique você pode pesquisar vários preços de um mesmo produto e escolher pelo de menor valor. A competitividade do e-commerce acaba influenciando o preço e favorecendo o comprador.

Análise de outras pessoas - Muitos sites já possuem análise e feedback de compradores daquele produto, o que permite ao interessado verificar a opinião de outras pessoas que adquiriram a mesma mercadoria.

Sem pressão - É você quem resolve, é você quem bate o martelo. Não há influência externa de um vendedor sugerindo a compra.

Entrega - Na maioria dos sites você pode acompanhar a entrega da compra por meio do código gerado e do rastreamento realizado pelos correios.

Preço mais acessível - Muitas vezes conseguimos um preço melhor do que na loja física.

Economia de tempo - Além de economizar tempo e dinheiro, por não precisar ir de uma loja para outra, você pode fazer tudo com um simples clique, de qualquer parte do mundo, e no horário que julgar mais oportuno.

Direito de arrependimento - Toda compra pode ser positiva ou negativa. Quando o produto chega, às vezes a qualidade, o tamanho e outros aspectos podem ser diferentes do que pareciam. De acordo com o Código de Defesa do Consumidor, a pessoa que faz compras pela internet tem o direito de se arrepender da compra no prazo de até sete dias (corridos) após o recebimento do produto ou da assinatura do contrato.

Aspectos negativos

Como pagar - Alguns sites só aceitam cartão de crédito – o que não favorece quem prefere utilizar outra forma de pagamento.

Credibilidade - Não há como ter 100% de certeza da compra e da confiabilidade daquele produto. Dessa forma, vale pesquisar o site e todas as referências para não viver uma experiência desagradável.

Taxa de entrega ou frete - Na compra do produto, a maioria das lojas virtuais cobra pelo serviço de entrega. Fique atento, pois em alguns sites, nas compras acima de determinado valor, o frete é gratuito.

Entrega - Em algumas compras, o período de entrega pode demorar mais do que o esperado, e em alguns momentos prende o consumidor em casa, aguardando a chegada do produto. Diferentemente de uma loja física, em que você pode sair com o produto já em mãos. É preciso definir o tempo que o consumidor está disposto a esperar.

ECONOMIA COMPARTILHADA: ENTENDA O QUE É E COMO FUNCIONA

Leandro Novais

Você sabe o que é economia compartilhada ou inovação disruptiva? Parece complicado, né? Mas não é não, e você já deve ter ouvido falar sobre. A economia compartilhada é uma espécie de tendência, nos hábitos dos consumidores, de dividir o uso (ou a compra) de serviços e produtos em consumo colaborativo. Ou seja, em alguns casos, pode-se falar mesmo em um novo modelo de consumo.

Essa forma de compartilhamento de bens e serviços, como é o caso do sistema coletivo de bicicletas que existe em inúmeras cidades, é facilitada (ou potencializada) essencialmente por aplicativos da internet que possibilitam uma maior interação entre as pessoas e que inovam provocando uma profunda alteração de tecnologias. No nosso caso, a inovação disruptiva na internet tem causado uma importante alteração tecnológica em modelos de negócio. Temos então uma associação entre mudança de hábitos de consumo (modelo comportamental) com alterações oriundas da inovação tecnológica (modelo de negócios). A economia compartilhada funciona exatamente nessa nova plataforma de fazer negócios.

A economia compartilhada tem desafiado os modelos tradicionais de negócio. De uma hora para outra há mais concorrentes, com novas estruturas, com preços competitivos e qualidade, e que pressionam a atividade regulatória do Estado. Na Europa, em particular, o modelo está em franca ascensão, com forte apelo da mudança comportamental no consumo. Em países desenvolvidos, onde as necessidades básicas estão completamente satisfeitas, já se percebeu que o uso de recursos escassos pode ser ainda mais racionalizado. Projeções de consultoria estimam que o novo modelo de negócio pode alcançar US$ 335 bilhões até 2025.

Alguns setores são mais impactados do que outros. Exemplos significativos da economia colaborativa, com inovação tecnológica, para citar dois são: o caso do Airbnb, sistema de aluguel de acomodações (na casa das pessoas), funcionando em mais de 190 países, que tem desafiado o setor de hotelaria; e o caso do Uber, serviço de caronas pagas ou de compartilhamento de viagens, que tem provocado, em alguns lugares, ampla resistência dos serviços de táxi.

No Uber, o aplicativo conecta o usuário a um motorista cadastrado pelo sistema. Você também se cadastra e o pagamento é feito com os dados do seu cartão de crédito registrado. Quando você pede o serviço e fornece os dados de origem e destino, o aplicativo já lhe passa o preço. Normalmente o valor é competitivo em comparação com o serviço tradicional de táxi. O motorista recebe o valor da carona ou corrida e um percentual fica com o aplicativo.

A reação dos serviços tradicionais é visível. O fenômeno é mundial. Alguns centros importantes, no entanto, já regularizaram o serviço, que hoje compete lado a lado com os táxis tradicionais. São os casos de Nova York e São Paulo. Em Nova York, por exemplo, conforme notícia recente do jornal *El País,* o Uber já ultrapassou os táxis amarelos. Segundo a reportagem, "o preto é o novo amarelo".

No Brasil os táxis movimentam R$ 15 bilhões por ano. Com um mercado cativo e de licenças controladas, o modelo de negócio não era forçado a melhorar. Isso não quer dizer que o modelo inovador não necessite ser regulado pelo Estado. Seja do ponto de vista da segurança, da fiscalização e das regras trabalhistas, como se apontou acima. Mas simplesmente se opor ao novo ou regular de forma conservadora não vai funcionar. Os novos modelos de negócio são inevitáveis. Por que você não experimenta?

QUANDO FOI A ÚLTIMA VEZ QUE VOCÊ PISOU EM UM BANCO?

Leandro Novais

Talvez o título do texto seja forte demais. Você ainda vai ao banco rotineiramente, não vai? Mas estamos vivendo, seguramente, uma fase de transição. E resolvi falar sobre isso: como o serviço bancário está mudando da agência física para a agência eletrônica.

O varejo bancário ainda é refém do mundo de papel. Mas para muitos analistas, o setor está quase no ponto de maturação para uma ruptura. Os avanços da tecnologia e dos processos de digitalização estão transformando a atividade bancária e a forma do nosso relacionamento com o banco. Nosso principal instrumento de relacionamento já começa a ser o smartphone.

Um dos grandes obstáculos para a revolução de hábitos no setor era a confiança nas transações bancárias pela internet ou pelo telefone. Mas tecnologia para isto já existe e o obstáculo está evaporando. Em paralelo, os hábitos estão se alterando. Rapidamente. Um estudo realizado em 2015 nos Estados Unidos pela Accenture fez a seguinte pergunta aos consumidores: em que tipo de empresa você mais confia para lidar com seus dados pessoais? Na comparação com outros participantes do mundo digital, os bancos inspiram bem mais confiança (86%) – por incrível que pareça – do que qualquer firma de meios de pagamento, inclusive operadoras de telefonia móvel. Pois bem. Na hora que decididamente "se juntarem" os bancos à telefonia móvel, o futuro estará aí...

E aí, leitor, cabe uma pergunta: quem ainda vai a agências de banco? Para a maior parte dos analistas, três grupos:

- As pessoas mais idosas, não acostumadas a usar meios digitais;

- As pessoas que ainda precisam mostrar documentos fisicamente ou assinar algum papel na frente de funcionários (ah, o mundo do papel ainda existe...);

- E as pessoas sem conta bancária que, à moda antiga, precisam comparecer a instituições para pagar o que devem, como contas de serviços públicos (sem esquecer a suculenta comissão dos bancos, claro).

De novo: para muitos analistas então estamos falando da "morte anunciada da agência bancária". Alguns, como Brett King, conhecido como futurista dos bancos e autor do livro de sucesso *Breaking Banks* [Quebrando os bancos], em dez anos o Brasil terá metade das agências bancárias que tem hoje. E quase todas as operações serão feitas remotamente (principalmente por meio do celular), inclusive investimentos. As novas gerações só irão aos bancos quando realmente obrigadas.

Quanto aos investimentos, diz King, boa parte deles será realizada por programas com algoritmos sofisticados. Até mesmo a tradicional consultoria financeira sofrerá um abalo. Ela só funcionará de verdade para os investimentos mais vultosos. Além disso, a parafernália eletrônica estará toda integrada. Assim, quanto mais o seu banco – no seu formato eletrônico – souber de você, com destaque para as redes sociais, melhor será a sua experiência e mais adequados serão os produtos. Quanto à privacidade, este é um assunto para outra ocasião...

O que espero é que tal corrida tecnológica opere também em favor dos consumidores, reduzindo burocracia e principalmente custos. Ficarei de olho!

FINTECH: ENTENDA O QUE SÃO E COMO FUNCIONAM

Leandro Novais

Você já ouviu falar em fintech? Não? Mas certamente já deve ter, de alguma forma, ainda que indiretamente, se relacionado com esse tipo de tecnologia. Fintech é o resultado da associação dos termos em inglês "financial" e "technology". Esteve ligado, na origem, a um programa de aceleração de startups coordenado pela Accenture em parceria com a prefeitura de Nova York – o projeto se chamava Fintech. Hoje, passou a designar todas as empresas que criam inovações na área de serviços financeiros em processos baseados fortemente em tecnologia. Para uma boa introdução, recomendo que confira o blog Finnovation.

De certa forma, o tema está presente em discussões acerca da conexão da internet com seu dinheiro, em iniciativas de financiamento coletivo via plataformas eletrônicas, e na maneira como as novas empresas financeiras – e até as antigas – utilizam as informações disponíveis na internet para conhecer melhor os seus consumidores. Sim, no mundo bancário, o relacionamento hoje é cada vez mais virtual e menos em agências.

São inúmeras as áreas de atuação, portanto: Big Data, meios de pagamento, análise de riscos, *crowdfunding* e empréstimos sem intermediários (como P2P *lending*), investimentos, seguros e gestão financeira. O radar FinTechLab tem um interessante mapeamento do número de startups brasileiras de inovação financeira que deram as caras nos últimos anos. É impressionante.

Embora os números ainda sejam tímidos, em particular no Brasil, os volumes transacionados globalmente crescem de forma significativa, atrás de receitas do setor estimadas em US$ 4.7 trilhões anuais.

A forma de funcionamento, embora se diferencie de empresa para empresa, conta com vários aspectos em comum: são empresas –

ou modelos de negócio – que já nasceram digitais, em plataformas na internet ou em aplicativos para smartphones; as empresas trabalham no limite da regulação, reduzindo custos de observância; se a infraestrutura não é física, reduzem também custos de burocracia; além da forma de remuneração ser diferenciada, baseada em opções de ações, o que faz com que essas empresas consigam ser lucrativas com custos e preços mais baixos do que os de seus concorrentes tradicionais.

É obviamente incerto se inovações financeiras irão conseguir desafiar totalmente as grandes instituições. O sistema bancário tradicional ainda é o peso pesado do setor. No entanto, já é possível perceber que as fintech irão cortar custos e aumentar a qualidade dos serviços financeiros. Elas ainda prometem trazer novas formas de controlar riscos. E, por fim, talvez consigam criar uma paisagem mais diversificada de crédito e, por isso, mais estável. Ou seja, o impacto será tanto na regulação quanto na concorrência, criando um baita desafio para os reguladores. E isto é muito bom.

Minha sugestão aos interessados é acompanhar de perto o processo, conhecer as novidades. É muito fácil fazer isso pela internet. Não há se-gredo. Se estiver precisando de um novo produto financeiro – ou quiser diversificar suas opções tradicionais, insatisfeito com seu banco – abra um espaço para as inovações. Você pode se surpreender com o preço e a qualidade dos novos serviços financeiros.

UMA CONTA CORRENTE SEM TARIFAS

Daniel Meinberg

Sim, existem no mercado contas correntes sem tarifas: são as contas eletrônicas. Possuem nomes comerciais diferentes em cada banco, mas estão lá, disponíveis, em boa parte deles (o Banco Central não obriga as instituições a oferecerem a abertura de contas nessa modalidade).

As contas eletrônicas não são as contas correntes de serviços essenciais (estas, sim, os bancos são obrigados a oferecer): a conta de serviços essenciais possui limites de movimentações, mesmo por canais eletrônicos, entretanto permite alguns atendimentos presenciais sem custos. Já as contas eletrônicas liberam movimentações eletrônicas ilimitadas sem custos para o cliente; porém, qualquer atendimento presencial pode ser tarifado.

Para melhor explicar, as contas eletrônicas são contas em que todas as movimentações devem ser feitas por meios eletrônicos (as transações presenciais, em agências ou correspondentes bancários, como dito, são tarifadas), ou seja, por Internet Banking, Mobile Banking (por meio de smartphone), telefone (atendimento eletrônico, pois se optar por falar com atendente há risco de tarifação, conforme o banco e o assunto) ou, para saques, caixas eletrônicos. Observo que esta modalidade não oferece talão de cheques. Se você precisa usar talão de cheques, tal formato não é interessante para você – talvez uma conta de serviços essenciais seja mais adequada. Enfim, para cada perfil de cliente existe um serviço mais adequado. Conheça e otimize seu custo com tarifas bancárias.

Reforço: a grande vantagem das contas eletrônicas é a isenção de tarifas bancárias para quantidade sem limites de transações nos meios acima, incluindo saques, TED, DOC, etc. Entendo que sejam muito adequadas para aquelas pessoas que já se familiarizaram com o uso dos canais eletrônicos.

Você pode estar pensando: não existe almoço grátis, então como os bancos ganham dinheiro com esta modalidade? Simples: na oferta de outros serviços que podem ser agregados, como o cartão de crédito, empréstimos, financiamentos, seguros, consórcios, planos de previdência, títulos de capitalização (em minha opinião, título de capitalização é um produto que deveria ser proibido, retirado do mercado – rende menos que Caderneta de Poupança!), dentre outros serviços bancários não cobertos.

Informe-se dos detalhes da conta eletrônica do seu banco. Acredito que valha a pena. Representam economia. E eu, particularmente, acho melhor economizar deixando de pagar tarifa para banco do que cortando o cafezinho.

Você é livre e ao mesmo tempo responsável por suas decisões financeiras

DE QUEM É A CULPA?

Daniel Meinberg

Com frequência vejo comentários (em geral de alguém que perdeu muito dinheiro) culpando terceiros pelo seu fracasso, seja o gerente do banco, um amigo, parente, conhecido, economista, especialista ou outro guru. Às vezes, mais de uma sugestão. Mas de quem é a culpa, afinal?

Do meu ponto de vista, a culpa é de quem tomou a decisão de investir ou gastar de forma equivocada. Custei a aprender isso, e aprendi com muita dor, muita perda financeira. Quando comecei a operar na bolsa de valores, brincar de clicar em ordens de compra ou de venda ao sabor dos ventos, em simuladores, parecia divertido. Depois de algum tempo, comecei a colocar algum dinheiro – pouco, inicialmente – para começar a lucrar com o meu "fantástico" conhecimento adquirido ao longo de meses. Eu me achava (talvez ainda me ache) melhor do que a média, e ganhar dinheiro neste mercado chamado bolsa de valores parecia muito fácil.

Procurei um gerente de banco amigo meu, que passou as primeiras instruções e indicou outros dois profissionais na instituição. Aprendi muito com eles. Fosse eu mais humilde à época, teria aprendido muito, muito mais. O problema é que jovem geralmente é um bichinho muito arrogante, e acha que sabe tudo. E eu não era diferente. Resultado: dias (sim, poucos dias) depois de começar a conversar com eles, já estava eu lá operando na Bovespa...

Minhas primeiras operações foram um sucesso! Com o mercado, à época, em tendência de alta, praticamente qualquer coisa que se comprasse seria vendido posteriormente com algum lucro. Resultado: se eu já me considerava o bom geral, comecei a me achar insuperável. Os lucros foram se somando, e a maioria das operações eram bem-sucedidas. E o

Você é livre e ao mesmo tempo responsável por suas decisões financeiras sucesso foi subindo à cabeça. Decidi operar opções de compra, afinal, queria alavancar meus lucros mesmo com pouco dinheiro.

Para quem não sabe, grosso modo, opções são direitos de compra ou deveres de venda de determinada ação. Por exemplo, se uma determinada ação está custando R$ 10, é possível que se encontre opções de compra desta ação (direito de comprar a ação a determinado valor em determinada data, chamada de data de exercício) a R$ 11 alguns dias antes do vencimento por, digamos, R$ 0,20. Em outras palavras, se não comercializar este direito antes da data, você só ganhará dinheiro se o valor da ação no dia do vencimento for superior a R$ 11,20 (R$ 11 que você terá que pagar pela ação se for exercer seu direito, acrescidos dos R$ 0,20 que pagou pela opção de compra), além dos custos de compra (corretagem, emolumentos, etc.).

Como o mercado estava em forte tendência de alta, não era improvável pensar que a ação podia pular de R$ 10 para R$ 12. E acontecia, de fato. Com isso, o esperto aqui passou a comprar por R$ 0,20 e vender a mais de R$ 1 (ação orbitando nos R$ 12 próximo ao vencimento) as opções de compra. Ou seja, com 400% de lucro, em vez de 20% se fosse comprar apenas as ações propriamente ditas. Resultado: "sou o melhor e, agora sim, vou ficar rico!". Ganhei muito, perdi pouco, e a arrogância só crescendo. Comecei a colocar mais dinheiro no meu plano infalível de ficar rico (planos tão infalíveis quanto os do Cebolinha contra a Mônica, personagens do Mauricio de Sousa). Vivia e viajava, era sensacional, como era para "Vital e sua moto" – eternizados por Herbert Vianna. Cheguei a ganhar – e não é exagero – mais de 100% do capital investido em um mês.

Até que, um dia, a coisa começou a virar. Mercado, como sabemos, não sobe eternamente. Resumindo: em determinada sexta-feira, véspera de vencimento de opções, perdi o equivalente a um carro em apenas uma operação. Mas isso não era nada, afinal eu era o bom geral. Fui atrás de recuperar o prejuízo no mesmo dia. Resultado? Desastre total. Neste dia eu não entendia o que tinha acontecido exatamente. Só via meu saldo desaparecer de maneira cinematográfica. Nesse dia, eu chorei. Literalmente. Não perdi tudo o que tinha ganhado até então por mera sorte. O mercado fechou antes de eu conseguir colocar uma ordem surpreendentemente estúpida, mas que, para mim, à época, parecia ser a redenção. Tentei pegar dinheiro emprestado para investir, mas graças a Deus não consegui.

Naquele momento, entendi porque tantas pessoas falavam que bolsa de valores é loteria. Não é, adianto. Bolsa é loteria para quem, como eu, não sabia o que estava fazendo. Praguejei contra meu gerente de banco, contra as demais pessoas que me incentivaram a investir em bolsa, etc. Passei o fim de semana pensando no que havia acontecido, não conseguia pensar em outra coisa, nem dormir, nem comer. Na segunda-feira seguinte tampouco consegui operar. Nem na terça. Pensei demais naqueles dias. Refiz mentalmente as operações. Tinha de conseguir entender por que minha fórmula infalível havia falhado. Alguém armou contra mim, só podia ser! Eike Batista descobriu que eu caminhava para ser mais rico do que ele e resolveu me boicotar! Até coisas dessa natureza, absurdas ao extremo, passaram pela minha cabeça naqueles dias. Doeu, doeu, doeu. Dói até hoje, toda vez que me lembro do que fui capaz de fazer.

De quem era a culpa, afinal, por toda a minha desgraça? Minha. Só minha! A corretora não tinha culpa alguma, os gerentes também não, meus amigos idem, minha família muito menos. A culpa pelo meu sucesso e pelo meu fracasso tinha apenas um CPF, o meu.

Hoje ainda opero na bolsa? Sim, sem dúvidas. Mas com muito mais responsabilidade, muito mais maturidade. Hoje sei que não vou ganhar sempre. Às vezes vou perder muito, mas monto estratégias com cabeça fria, nas quais as relações risco e retorno sejam favoráveis a mim. Tenho tido resultados bons. Na média, estou no lucro. Quando vejo, no entanto, iniciantes arrogantes e gananciosos, enxergo justamente a minha trajetória. Temo quando chegar o dia em que perderão. Pode ser mais cedo ou mais tarde. Podem perder mais ou menos. Mas certamente chegará o dia em que perderão uma grana considerável, e provavelmente não estarão preparados para o baque. Espero que também tirem como lição deste dia que a culpa pelo erro foi deles, exclusivamente deles, que não procuraram aprender tudo o que precisavam antes de começar a operar. Espero que não percam tudo o que conquistaram. Espero que tenham humildade para aprender. E espero, sobretudo, que não desistam: a oportunidade é única.

MEU GERENTE NÃO É LÁ MUITO MEU AMIGO

Daniel Meinberg

Que me desculpem os gerentes de banco, mas vou criar caso com vocês. Eles são profissionais encarregados de atuar junto ao público bancário – contratados pelos bancos e pagos pelos bancos; treinados, portanto, para atender primeiramente aos interesses dos bancos (e, se compatível, aos dos clientes).

Conflito de interesses

É uma situação complicada, eles posam de defensores de seus interesses, dizem que buscam oferecer o melhor para você, mas, na verdade, defendem os bancos. E buscam atingir – muitos a qualquer custo – suas metas.

Um exemplo disso é o esforço que fazem para vender títulos de capitalização. É comum ver gerentes oferecendo este produto a clientes no momento da tomada de empréstimos. Santo Deus do céu! Como isso é cruel com o cliente! O sujeito está apertado, precisando de um empréstimo, e o gerente tenta empurrar – e muitas vezes consegue – um produto que é bem menos rentável (rende menos até que a Caderneta de Poupança) sob o apelo dos sorteios. O produto é tão lucrativo para os bancos que eu não conheço um gerente de varejo que não tenha meta agressiva de venda de título de capitalização. Bom, se você está lendo e entendendo o que eu digo, não vai investir enquanto estiver endividado (muito menos comprar título de capitalização) e, se quiser fazer seu joguinho, que seja na Mega-Sena, de preferência na Mega da Virada – pois, se ganhar, paga a dívida e ainda investe com vontade.

Despreparo

Pior que o conflito de interesses, é o despreparo do gerente médio que está atendendo ao varejo. É comum que não conheçam adequadamente o que têm a oferecer, especialmente quando tratamos de produtos um pouco mais sofisticados. Passou do arroz com feijão, ou seja, Poupança, título de capitalização e meia dúzia de fundos, é provável que sua demanda não seja prontamente respondida. Boa parte não sabe falar nem sobre Tesouro Direto. Alguns ainda se dão ao trabalho de pesquisar e acabam dando retorno posteriormente. Se não conhecem nem sequer os produtos que o banco para o qual trabalham disponibiliza, menos ainda sabem sobre o que o mercado oferece. Chance zero, portanto, de apresentarem comparações minimamente razoáveis. Cabe a você, então, conhecer o que cada um oferece, entender os riscos e os bônus, comparar e aplicar seu dinheiro da forma mais adequada. Sim, é você quem tem que cuidar disso. Não dá para delegar e esquecer.

Tentando resumir o recado, é melhor você mesmo procurar tomar conta do seu dinheiro. Ouça seu gerente, mas tenha condições de entender e ponderar com ele, buscando o melhor produto para você. E escute outros gerentes, de outras instituições, e especialistas. Ah, e não invista em títulos de capitalização.

VOCÊ CORRE NA ESTEIRA DA FELICIDADE?

Frederico Torres

Duas histórias. Duas pessoas que lidam com dinheiro de maneiras totalmente diferentes.

Conheço um renomado profissional que é um enorme sucesso sob qualquer perspectiva. Muito cedo já empregava dezenas de pessoas em uma empresa que ele mesmo fundou e que hoje tem filiais mundo afora (entre uma série de outras realizações até mais impressionantes mas que não citarei para não permitir a sua identificação). É um sujeito que trabalha por volta de 80 horas por semana, sem parar, fins de semana e férias inclusive. Viaja como um louco e vive refém de seus clientes. O telefone celular é o seu amo.

Ele não acha que tem dinheiro suficiente para relaxar. Jamais deixa de atender o telefone, pois sempre pode ser um cliente precisando de seus serviços. "Prontamente", segundo me disse.

Outro dia, lhe perguntei se não tinha receio de se tornar alvo de violência, afinal só anda em um dos muitos carros importados caríssimos que possui em sua garagem. Ele disse que nem podia cogitar em ter um veículo comum. Seus clientes enxergariam como sinal de empobrecimento, fraqueza, insucesso. Seria péssimo para os negócios.

Vamos ao segundo personagem. Também um caso real. Aposentou-se mais cedo, quando chegou a um patrimônio de um carro, casa própria e investimentos modestos – fez as contas e chegou à conclusão de que os R\$ 40 mil anuais de juros, acima da inflação, lhe seriam suficientes para toda a vida.

Recentemente estive com minha família em sua casa. Passamos um sábado extraordinário, alegre e leve. Divertimo-nos muito. E, o melhor: sem sermos interrompidos nenhuma vez pelo celular.

Curioso com sua coragem, perguntei-lhe sobre as finanças.

– Olha, R$ 3,3 mil por mês vai muito longe se você não tem aluguel ou financiamentos para pagar – respondeu-me.

Tudo bem que meu amigo vive no interior, onde a vida é bem mais barata, tem sua horta, seu pomar, seu galinheiro e seus filhos já estão criados. Mas os R$ 40 mil que ele ganha por ano são menos que a remuneração mensal do primeiro personagem.

Qual é a pegadinha, então?! Por que o mais pobre tem uma vida mais rica?

Uma das lições mais importantes sobre dinheiro é que riqueza é relativa. Alguém com milhões no banco pode se sentir à falência, enquanto alguém com um estoque modesto consegue se sentir como se estivesse no topo do mundo, tão rico que se dá ao direito de se aposentar mais cedo, enquanto ainda tem energia para aproveitar a vida.

Vale pensar sobre isso. E ir além. Lembrar que, de acordo com o economista do Banco Mundial Branko Milanovic, se você ganhar mais de US$ 34 mil por ano, o que equivaleria a um salário de pouco mais de R$ 8 mil por mês, já é um integrante do seleto clube do 1% mais rico do mundo. Que tal?

Nós sempre pensamos na riqueza como um número. Mas se trata apenas de um sentimento, um produto de nossas próprias expectativas.

Isso é muito importante. Afinal, um monte de gente fala sobre como ficar rico, mas poucos falam sobre como permanecer rico. Para permanecer rico, você tem de garantir que suas expectativas não cresçam mais rápido do que sua riqueza.

Já frequentei lugares em que as pessoas tinham mais dinheiro do que eu poderia sonhar em toda a minha vida. Jatos particulares, iates e Ferraris. Quanto mais interagia com eles, mais percebia que eram algumas das pessoas mais infelizes, nervosas, irritadiças e insatisfeitas que eu já conheci. A sociedade passa a mensagem de que essas pessoas deveriam estar nadando em felicidade. Não era nada do que eu via.

Acho que parte disso se deve à personalidade competitiva dessas pessoas que não admitem ficar para trás. Outro ponto é que, para cada real de riqueza que eles ganharam, acabavam aumentando o referencial de sucesso em outros dois reais. A única coisa que cresceu mais rápido do que as suas contas bancárias foram seus desejos: de outra casa, de outro carro, de outro barco...

Qualquer pessoa nessa situação não vai se sentir rico, independentemente da quantidade de dinheiro que tenha. É pior do que andar em círculos. É correr para trás, à velocidade de 80 horas por semana, como o primeiro personagem.

Por outro lado, uma pessoa que ganha R$ 40 mil por ano, mas só precisa de R$ 30 mil para ser feliz, é muito mais rica do que a que ganha R$ 1 milhão, enquanto necessita de R$ 1,1 milhão. Isso parece óbvio, mas é chocante: quantas pessoas ignoram suas próprias expectativas quando tentam melhorar suas vidas financeiras?

Estou convencido de que a chave para ser feliz é a capacidade de ancorar suas expectativas, assim como nosso aposentado precoce fez. Caso contrário, você vai acabar como o nosso renomado profissional – muito dinheiro, mas perpetuamente insatisfeito com o que você tem. Quão bom é isso?

Depois que as necessidades básicas estão cobertas, cada real em renda extra não produz muita felicidade extra, porque você se acostuma com seu novo carro e roupas bonitas muito rapidamente. Há pesquisas sobre o assunto, se você quiser, pesquise depois sobre a "esteira hedonista".

Acredito que, mais do que tudo, o que aumenta a felicidade das pessoas é ter controle sobre seu tempo, autonomia em seu trabalho e flexibilidade em sua programação.

Muitos dos ricos de quem falei não se sentiam ricos, porque quanto mais dinheiro ganhavam, mais coisas desejavam. E isso lhes obrigava a trabalhar mais, o que tornava suas vidas mais estressantes e complicadas.

Nosso aposentado precoce se sentia rico porque manteve suas expectativas baixas e usou suas modestas economias para assumir o controle total sobre o seu tempo, se aposentando bem mais cedo.

– A maneira mais rápida de mudar as coisas em sua vida financeira é perceber que você tem muito mais controle do que imagina – ele mesmo me disse. – O tempo para atingir a aposentadoria depende de apenas uma coisa: sua taxa de poupança. E isso depende inteiramente do quanto você gasta. Então, o momento em que você aprende a viver uma vida menos cara, de repente, torna as nuvens mais claras e o quadro financeiro se ilumina consideravelmente.

Antes que me chamem de pão-duro, ressalto que isso não significa viver como um avarento. Eu não quero me tornar um monge. Mas, independentemente de quanto dinheiro você acha que vai precisar para ser feliz, a chave para não só ficar rico, mas também se sentir rico e permanecer rico, está em garantir que o seu dinheiro cresça no mesmo ritmo que – ou mais rápido do que – o seu desejo de gastá-lo.

Algo para se pensar. Ou melhor: para praticar!

O TAXISTA E A SABEDORIA POPULAR

Frederico Torres

Taxista que é taxista nunca perde a oportunidade de puxar aquela conversa. Outro dia, eu estava todo engravatado e meu destino era uma instituição do Sistema Financeira Nacional.

– Dotô, o senhor trabalha com mercado financeiro, né não? – ele logo concluiu, ligado que o tema era economia.

Eu respondi positivamente. E tivemos o diálogo que transcrevo a seguir:

– O que está achando da situação econômica?!

– Difícil. O brasileiro gastou um pouco mais do que a conta, principalmente se endividando e, de agora em diante, deverá apertar mais o cinto.

– O senhor acha que as dívidas foram um coisa ruim pro brasileiro, dotô?

– Acho, sim. Vejo muita gente se atrapalhando com dívidas caras, pagando juros altos que levam graaande parte de suas rendas. Muitos, inclusive, por não se planejarem, não conseguem pagar e acabam perdendo anos de suas vidas para sair do buraco!

– O senhor acha mesmo, dotô?!

– Olha, já faz mais de 20 anos que eu lido com esse assunto... Vejamos o caso deste seu carro. Se o senhor comprá-lo à vista, vai pagar muuuuito menos do que se optar pelo financiamento, opção em que vai ter de pagar juros durante anos... Dependendo da taxa de juros, o total pago somando todas as parcelas dá quase que pra comprar dois carros. O senhor já pensou sobre isso?

– Olha, dotô, eu não penso nisso não, viu... Aliás, eu penso muito diferente do senhor...

Não me contive, possuído de curiosidade:

– Uai, é mesmo? Então me conte aí!

– Ó, dotô, pro senhor saber, este carro aqui é financiado. Todo mês eu tenho que pagar uma parcelinha boa do financiamento. Como o senhor falou, pesa no bolso mesmo. Mas eu acho ótimo… Sabe por quê, dotô? Porque senão eu não saía de casa pra trabalhar. Ficava lá, dormindo até tarde, ia pros botecos e passava o dia inteirinho à toa… Isso aqui, dotô, é a minha âncora. Quando eu estou cansado no meio do dia e me dá aquela vontade de voltar pra casa, é na prestação do financiamento que eu penso pra dar aquele ânimo de trabalhar mais um bocado, sabe…?

Neste ponto, eu, que tinha até assumido um ar meio professoral durante a conversa, me recolhi. Admito que tive uma aula com o simpático taxista. Humilde, respeitoso e sábio. Não exatamente das finanças, mas do comportamento humano, característica ainda mais importante do que as tecnicalidades das finanças ou da matemática financeira. Ali a questão se encerrou:

– De uma maneira geral, apesar de eu não gostar de dívida, se é só assim que o senhor se motiva, se está feliz, se sentindo útil e está conseguindo pagar suas prestações em dia, acho que o senhor tem toda razão, viu?

MULHERES, EDUCAÇÃO FINANCEIRA E SAPATOS

Frederico Torres

– Eu tava tão quietim aqui no meu cantim!

Às vezes sou como o Joselino Barbacena, inconfundível personagem da Escolinha do Professor Raimundo. Ou seja: mesmo sem querer, sou atiçado e acabo fazendo da educação financeira minha missão.

Dia desses, fui solicitado a aconselhar uma senhora. Ela era uma consumidora compulsiva – e tinha consciência disso. O tipo da pessoa que não tem as finanças em dia porque não consegue se planejar.

Ao conversarmos, percebi que ela incorria em alguns erros e não dominava conceitos financeiros básicos. "Mingau quente se come pelas beiradas." Lembrei dessa frase exemplar da sabedoria popular mineira para simplificar a discussão. Minha ideia era partir de um exemplo baseado no próprio comportamento dela.

– Minha senhora, qual é o seu principal problema?

– Ah, o cartão de crédito – respondeu ela, sem titubear.

– E onde é que a senhora mais gasta o danado?

– Nos shoppings. Eu gosto de passear, olhar as vitrines... E quando vejo alguma coisa que me interessa, eu entro e compro mesmo. Passo o cartão na hora de pagar e me sinto muito bem.

Fui refinando minha entrevista. Perguntei a ela qual era o item que ela mais gostava de comprar, com o qual ela mais se satisfazia.

– Ah, pergunta difícil essa, viu!? Acho que são os sapatos – disse. – Eu adoro sapatos!

Pronto. De posse dessa introdução, era a hora de trazer para a conversa uma linha de razoabilidade financeira.

– Mas se você já tiver 100 pares de sapatos, ainda assim vai comprar o centésimo primeiro? – perguntei.

– Ah... – percebi que ela rapidamente queria desmerecer minha pergunta. – Só vejo aquele que estou comprando. Nessas horas nem me lembro dos demais...

– Mesmo se a sua situação financeira não estiver lá essas coisas? – tentei trazê-la para a vida real dos seus próprios limites de orçamento.

– Mesmo! – rebateu ela, de imediato.

Eu já estava quase desistindo, quando resolvi insistir neste ponto:

– Olha, então quer dizer que suas finanças nem sequer lhe passam pela cabeça, tamanha é sua felicidade no momento de compra?

Ela retrucou:

– Como assim?

Então emendei que, ao que parecia, quando ela olhava para um novo par de sapatos, nenhum número lhe ocorria.

– Ah, entendi! – Ela esboçou um sorriso, olhos arregalados. – Passa sim! Claro.

Minhas esperanças renasciam das cinzas. Pensei que nem tudo estava perdido, que ainda havia uma chance. Essa senhora por certo pensava nos números de seu saldo bancário, no montante de uso do cheque especial, no limite ou nos juros do rotativo de seu cartão de crédito.

– Que número é esse, então?

– Quinze! – ela respondeu, com uma sinceridade escancarada no rosto, esperando que eu compreendesse.

Fiquei em silêncio, completamente perdido. Quinze, para mim, não fazia o menor sentido, não representava nenhuma das variáveis que eu havia enumerado.

– Por que quinze, minha senhora?

Ela abriu os dedos polegar e indicador, para dar noção de tamanho, e disse:

– É o tamanho do salto que eu gosto! Daqueles saltões bem compridos, sabe?!

Depois disso, só tive uma certeza: com ela, a abordagem precisava ser mais dura. (Imagino que a esta altura você também tenha conseguido enxergar a gravidade da situação.)

Fiquei imóvel, embasbacado.

– E então, qual é a solução para o meu caso? – ela perguntou.

– Muito honestamente? – devolvi.

– Claro!

– OK. Então, para o seu caso, a minha recomendação é que você pegue uma tesoura grande e picote seu cartão de crédito.

– Como assim?

– Seu comportamento é demasiadamente emocional – tentei explicar. – Carregar um cartão é como carregar uma arma, que você acaba usando para atirar em si mesma. De agora em diante, sugiro que programe suas idas ao shopping e as preveja em seu orçamento mensal.

Prossegui, exemplificando. Se ela vai ao shopping todos os sábados e tem R$ 1 mil para gastar com supérfluos por mês, que sacasse R$ 250 a cada vez. O valor carregado no bolso, portanto, seria o seu limite. Pronto! Simples assim.

Casos extremos exigem soluções também extremas.

COMO É FÁCIL SER MILIONÁRIO...

Daniel Meinberg

Outro dia me deparei com uma pergunta: o que preciso fazer para conseguir R$ 1 milhão? Poderia ter respondido algo meio óbvio, do tipo: "trabalhe muito, ganhe mais do que gasta, invista a diferença com inteligência". Mas me pegaram em um dia que eu estava, digamos, criativo. Preferi responder, então, perguntando se ele queria R$ 1 milhão em investimentos ou em dívidas.

A cara de ponto de interrogação foi ótima! Por alguns segundos, o sujeito deve ter se perguntado: "esse cara é um idiota ou eu não estou entendendo nada?". Sim, sou um idiota. Claro que a pessoa queria saber como conseguir R$ 1 milhão em investimentos, entretanto, a brincadeira valeu uma conversa interessante; com os mesmos aportes, é muito mais fácil fazer R$ 1 milhão em dívidas. Espero que isso não seja surpresa para você. Se for o caso, já entendeu como os bancos ganham tanto dinheiro e não precisa continuar lendo este texto. Vou tentar ilustrar para quem não compreendeu.

Suponhamos que você abra uma Caderneta de Poupança que rende 0,5% ao mês e faça aportes mensais de R$ 100. E que este dinheiro venha do limite do rotativo do seu cartão de crédito, que lhe cobra mais de 10% ao mês – vamos considerar aqui que sejam "apenas" 10% para facilitar os cálculos e para não polemizar, pois alguns cartões cobram mais, outros muito mais; um pouco menos caro que o cartão de crédito é o cheque especial, mas que também deve ser evitado, pois é forte fator de corrosão de riqueza.

Veja que interessante: sempre com R$ 100 por mês, depositando na Poupança o dinheiro emprestado do cartão de crédito, sem retiradas ou pagamentos, você levará oito meses para estar devendo mais de R$ 1 mil e, aproximadamente dois meses depois, seu investimento terá superado os R$ 1 mil. No 26º mês, sua dívida terá chegado a R$ 10 mil. No 49º, terá ultrapassado os R$ 100 mil e, finalmente, um mês após completar o sexto ano da empreitada, você poderá se considerar um milionário: um devedor milionário! A esta altura, mesmo que você perceba a bobagem que fez, seu investimento não terá atingido R$ 9 mil e, mesmo pagando com todo dinheiro do seu investimento, sua dívida continuará sendo superior ao milhão de reais.

Para quem está surpreso, bem-vindo ao mundo do juro composto. Bem-vindo à realidade bancária brasileira. Parabéns por descobrir por que os lucros dos bancos são tão grandes. E, finalmente, espero que perceba que não vale investir tendo dívida, salvo raríssimas exceções. E que perceba também porque não pode entrar no rotativo do cartão de crédito, nem se pendurar no cheque especial.

MINICASOS DA VIDA REAL: JOÃO HENRIQUE

Lívia Senna

Hoje pela manhã, quando desci para o pátio com meus alunos de 10 e 11 anos, deparei-me com uma situação muito interessante. Acabei fazendo uma entrevista com o João Henrique, um pequeno de outra turma, de apenas 6 anos, muito engraçado, com um vocabulário muito bom e uma capacidade incrível de se expressar.

João Henrique e seu amigo estavam brincando de pegar as sementes que caíam do coqueiro da escola. Cada semente que eles juntavam, na brincadeira, tinha o valor de R$ 500. Se, por acaso, ela ainda estivesse fechada, seu valor era maior: R$ 1 mil – o dobro era justificado pela raridade.

Fiquei encantada com a brincadeira e com o modo como ele coordenava a atividade com convicção. Puxei conversa e nosso assunto rendeu bastante. Perguntei se ele gostava de dinheiro, por que estava brincando de dinheiro – e não de correr, saltar, pular. João Henrique contou-me que ama brincar de dinheiro, de mentira e de verdade. Já emendei em outra pergunta e questionei se ele junta o dinheiro por juntar ou se quer comprar algo com o que junta. Para minha surpresa, ele disse:

– Eu adoro juntar dinheiro, e agora estou juntando porque vou comprar um ar-condicionado!

– O quê? – perguntei espantada. – Mas você precisa de um?

– Claro, sabe por quê? Ano que vem, o calor será muito maior, e para dormir fresquinho, quero que o ar do quarto fique geladinho.

– Então, João, você poderia me contar a história de como você faz para juntar seu dinheiro? Você ganha ou você trabalha, colaborando na sua casa?

– Melhor eu começar do início, né? Quando comprei meu tablet ano passado!

– O quê? Você já comprou um tablet? Mas juntou só para isso? Como conseguiu? Não tinha vontade de comprar outros brinquedos? Um picolé? Nada?

Sim, minha vontade de fazer perguntas àquela criança era enorme.

Ele deu uma risada gostosa e respondeu:

–Vontade tive sim, mas minha família me ajudou. Às vezes eu passava em frente a algum lugar e queria algo, então a mamãe ou a minha babá me lembravam do meu tablet, e aí a vontade passava.

– E como você ganhou seu dinheiro? Você tinha mesada?

– Eu pedi mesada para a mamãe e ela disse que ia olhar com o papai se eu já podia ganhar. Ele disse que sim, então, ela passou a me dar R$ 5.

– Todos os dias?

– Não, toda sexta-feira. Ano passado, a mamãe tinha dinheiro... Então eu tinha a minha mesada e, quando ajudava em casa com alguma tarefa, ganhava um pouco. Papai também me deu um pouco de dinheiro, e meu irmão Guilherme me deu R$ 17. Consegui juntar R$ 530 e papai me levou ao shopping para comprar o tablet. Não era exatamente aquele que eu queria, mas tem tudo que preciso para eu baixar meus aplicativos e jogar meus jogos.

(Sim, João Henrique disse com estas palavras.)

Então, depois do início explicado, perguntei sobre o objetivo deste ano: o ar-condicionado.

Ele, mais do que depressa, explicou que o país este ano está em crise, o jornal fala disso toda hora, então vai ser mais difícil juntar porque a sua mesada diminuiu. Ele está ajudando mais em casa e já conseguiu juntar R$ 130. Seu objetivo é para o ano que vem e não para este, por que a cada ano fica mais quente e até lá ele já terá todo o dinheiro que precisa.

Aproveitei a oportunidade para trabalhar alguns outros conceitos sobre educação financeira com ele, que ficou muito atento e interessado sobre tudo o que eu expliquei. Disse que, ao juntar algum dinheiro, nunca deve gastar tudo com o seu objetivo. Que é legal ter uma outra poupança dentro da poupança. João Henrique me contou que só ele gosta de juntar dinheiro em casa – o irmão não gosta. E que aprendeu sozinho.

Então, como educar nossas crianças que não nascem com esta vontade? Como estimular a amizade saudável com o dinheiro?

Contei ao João, na linguagem apropriada à sua compreensão, que tenho comprovado em minha vida pessoal que existe uma só vontade em nossa vida: a vontade que nos mobiliza energias e esforços para o bem, para o correto, para o justo, para crescer e aprender. As outras vontades que nos desviam do que idealizamos vêm acompanhadas de indisciplina e não são nosso desejo real daquilo a que nos propomos inicialmente. Todos nós nascemos para sermos bons; se estamos fora desse caminho, estamos nos desviando de nossos objetivos. No campo material, por exemplo, para os adultos, comprar um carro, viajar, realizar o sonho da casa própria, ter uma vida saudável são vontades de algo a longo prazo, que exigem disciplina e perseverança... Para o pequeno João, primeiro o seu tablet, agora o seu ar-condicionado... E o que mais aguarda esse menininho de 6 anos? Uma vida inteira pela frente, com o dinheiro a seu favor e sua vontade focada no que ele considera importante, sem se desviar. E, para tudo o que quisesse realizar, teria de planejar e ter disciplina para executar.

Quando meus alunos de 10 e 11 anos chegaram, ainda perguntaram:

– Professora, você acha que esse menininho está entendendo o que você está falando?

Comecei a rir e respondi:

– Meus amores, quem me contou tudo isso foi ele. Eu estou apenas confirmando as informações para escrever.

MINICASOS DA VIDA REAL:
MINHA AVÓ, JOANA DAR'K

Lívia Senna

Não só no âmbito pessoal, mas também no profissional, minha avó Joana Dar'k sempre administrou o próprio dinheiro com os ensinamentos que foi adquirindo ao longo da própria vida. Em nossas conversas, sempre me relatou que poucas foram as pessoas que lhe ensinaram algo sobre as finanças; vovó nasceu com vontade de trabalhar, aprender, crescer profissionalmente e ter seu próprio dinheiro.

Nas últimas férias, vivemos algo diferente com ela. Somos três irmãos e a temos como segunda mãe, já que vovó sempre participou de tudo em nossas vidas. Resolvemos presenteá-la com uma viagem à Cidade Maravilhosa, ao nosso querido Rio de Janeiro.

Já fazia quase 30 anos que minha avó não ia ao Rio. E ela nunca tinha andado de avião. Após decidirmos, percebemos que não seria fácil. Houve oposição de parte da família – nossa avó já tinha 90 anos –, que dizia que não seria uma boa ideia levar uma senhora daquela idade à praia, etc. Mas o nosso querer – e o dela – tornou qualquer obstáculo um desafio que, juntos, estávamos dispostos a ultrapassar.

No aeroporto, tivemos a ideia de conseguir uma cadeira de rodas. Ótima decisão. O item fez com que toda a viagem – e os passeios – pudesse ser mais bem desfrutada.

A emoção começou ainda dentro do avião. O piloto anunciou a todos que aquela era a primeira viagem aérea de minha avó. Os passageiros aplaudiram e foi difícil segurar o choro ao ver os olhos dela brilhando enquanto apertava a mão de meu irmão. Sensacional.

– Gente, muita atenção com a bolsa da vovó! Ela trouxe mais de R$ 2 mil em dinheiro ali.

Quem deu o alerta, discretamente, foi minha irmã. Ficamos estupefatos. Como a vovó havia conseguido isso? Ninguém a levou ao banco nos últimos dias...

A danadinha sabe poupar. Ela precisava fazer isso aos seus 90 anos? Não... Mas, sabe e gosta! Soube da viagem em dezembro e, um mês depois, simplesmente pegou seu dinheiro e pé na estrada – ou melhor, pé no avião. Mas como?

Fui eu quem dividiu quarto com ela todas as noites. Em uma delas, puxei assunto financeiro:

– Vó, você ainda economiza para tudo?

A resposta foi afirmativa:

– Claro que sim! De tudo que recebo da aposentadoria, guardo uma boa parte. Não compro muitas coisas, mas as que compro, bem, gosto de coisas de qualidade. Prefiro ter menos coisas, mas que durem e sejam boas, a ter muitas apenas porque estão com um bom preço.

– E a senhora não sabia que íamos viajar... De onde tirou tanto dinheiro?

– Eu guardo muito bem guardado. Guardo sempre e cuido para que sempre tenha algo, se houver necessidade.

Fiquei mais uma vez encantada com essa mocinha que nunca deixa de nos surpreender. Durante a viagem, muitos foram os momentos em que ela queria saber o preço de tudo, perguntava por desconto, optava por comprar lembrancinhas para os parentes que não foram – pagando tudo à vista. Foi difícil, dificílimo, convencê-la de que a viagem era um presente e ela não devia se preocupar com os custos.

Quando as férias chegaram ao fim, algo que há um ano parecia impossível e em alguns momentos ainda tinha dúvidas se ela daria conta, finalizamos a experiência com a bagagem cheia de histórias. Rimos muito, vivemos momentos de cinema, recordamos a todo instante de nossa família, nos emocionamos com as reações dela e das pessoas que cruzaram nosso caminho.

A gratidão é enorme. E o que fica? Fica o que está em nossos corações: um amor cultivado desde quando ela recebeu a notícia do nosso nascimento. Um amor que cresceu e faz parte de nós três. O presente é nosso por tê-la em nossas vidas, sempre com uma lição, um exemplo, um colo. Palavras não bastam para descrever.

E agora a dona Joana já está com novos planos. Não quer mais parar de viajar. Nós, cumprindo o papel de bons netos, temos o dever de proporcionar outros momentos como este a ela. E ficou claro que ter o bolso em dia, tanto o dela como o nosso, pode nos proporcionar viver momentos focados no que realmente importa, sem preocupações e com muita diversão. Aprendemos mais uma vez com a vovó: é sempre tempo de poupar; não sabemos que oportunidade pode surgir amanhã, mas economizar nunca sai de moda.

OS OPOSTOS SE ATRAEM E SOBRESSAEM

Lívia Senna

Era um almoço com um querido amigo. Entre uma porção de camarão e um suco de morango com lichia, a informal conversa me despertou para um debate de educação financeira.

Meu amigo dizia que seu pai era "um homem de origem simples que foi privado de algumas coisas na infância; contudo, sempre batalhador, construiu seu patrimônio com o próprio esforço, dedicação e metas bem definidas". A mãe, por outro lado, teve um berço mais agraciado. Veio de família com boas condições, estudou desde nova e aprendeu o valor do dinheiro em casa.

O exemplo que ele deu foi o seguinte: depois de muito trabalhar para construir o próprio patrimônio, hoje seu pai vive uma realidade financeira mais tranquila, e ele quer, nesta fase da vida, desfrutar sem se preocupar. Se ele viaja e há algo que ele queira comer ou beber, não importa o valor do produto; ele quer, ele adquire.

A mãe, por outro lado, sempre pensa antes de comprar qualquer coisa. Só paga se achar que o custo-benefício está de acordo com o produto oferecido. Nunca compra algo que custa mais do que o real valor do produto, independentemente do tipo ou marca.

Eles também são diferentes em algumas outras coisas. A mãe gosta de gastar com itens para o lar e para ela mesma; já o pai gosta que suas coisas durem até acabar e não acha necessário ter muitas peças de roupa ou cacarecos em exagero. Assim, ele não mede esforços na degustação de comida de qualidade ou em boas viagens com a família, mas não gasta muito com ele mesmo.

Sob essas diferenças, foram criados quatro filhos em harmonia e com pinceladas de cada um dos pais, formando as bases, conceitos para a vida e equilibrando a formação em relação ao dinheiro.

Hoje, esse meu amigo se relaciona com o dinheiro com a prudência e o planejamento da mãe e o esforço e a dedicação do pai. Ele trabalha na área que escolheu e se organiza de forma a controlar quanto e como gasta seu dinheiro. Ao ser indagado se ele relaciona tudo que gasta detalhadamente, explicou-me que não. Ele disse que separa de forma bem definida: poupança pessoal, compromissos mensais, lazer, viagens e outras demandas pessoais.

Pais com histórias tão diferentes ofereceram sua própria experiência na formação dos filhos e estes não estão expostos a uma emergência financeira ou a uma eventualidade, pois possuem uma reserva que eles mesmos conquistaram e com a qual podem se resguardar. Os opostos se atraíram e construíram uma família consciente em relação ao consumo e ao bom uso do próprio dinheiro.

LIVRE-ARBÍTRIO

Ewerton Veloso

Como será amanhã?
Responda quem puder.
O que irá me acontecer?
O meu destino será como Deus quiser.
(João Sérgio – *O amanhã*)

Recentemente, li um livro que apresenta e analisa uma extensa pesquisa sobre o pensamento e a postura do brasileiro. Entre os vários itens compreendidos, está um que me chamou a atenção: mais da metade da população acha que o seu futuro está, totalmente ou na maior parte, nas mãos de Deus.

Não vou usar este livro para discutir a metodologia da pesquisa, nem vou aprofundar nas questões espirituais – o que cada um considera que sejam Deus e destino. Basta-me tomar essa informação principal e trazê-la para a gestão das finanças pessoais.

Vejo algumas pessoas justificarem seu pouco cuidado com as próprias finanças baseando-se em argumentos fatalistas. "Para que eu vou me preocupar em economizar migalhas se, de uma hora para outra, eu posso ter um contratempo mais sério e precisar gastar uma grana muito maior para tratar da saúde (ou consertar meu carro, ou consertar algo em casa), ou pior, posso morrer de uma hora para outra? Vou curtir a vida", é o que muitos dizem.

Convenhamos: o raciocínio não é de todo errado. Realmente, não faz sentido a pessoa usar seu tempo e sua atenção para gerenciar as pequenas despesas e receitas do dia a dia e, por causa disso, deixar de viver as coisas importantes da vida, ou mesmo deixar de cuidar de coisas que fazem mais diferença nas próprias finanças pessoais – estudar, mudar de emprego, mudar de residência.

O que eu adoto para mim – e recomendo ao leitor – é uma postura de cuidar dos próprios recursos que custe algum esforço, mas que não se torne um sacrifício. Isso é, que não o prive a condição e o prazer de curtir aquilo que realmente importa – as pessoas, vivências e emoções.

Atualizar minha planilha de controle financeiro me toma cerca de cinco minutos por dia. Quando eu a adotei, alguns anos atrás, tive certa dificuldade; precisei me esforçar, criar hábitos, como guardar os recibos de despesas com cartão e anotar o valor dos cheques que eu emitia. Hoje em dia, praticamente não dá trabalho. E me permite conhecer meus gastos, ficar atento aos itens nos quais preciso economizar, usar melhor meu cartão de crédito, aplicar melhor meu dinheiro.

Essas atitudes, por si só, fazem uma imensa diferença na minha grana? Talvez não, mas fazem alguma. Entretanto, o principal não é o "por si só", não é o resultado imediato dessas atitudes, mas sim o criar a tal postura sobre a qual falei. Cuidar naturalmente das pequenas coisas ajuda a cuidar das grandes e a adotar sempre a santíssima trindade da educação financeira.

Voltando ao argumento fatalista: é claro que todos estamos sujeitos a contratempos diversos. Mas gerenciar bem recursos como tempo e dinheiro pode trazer, no mínimo, um benefício: uma reserva para lidar com os imprevistos. E pode também evitar contratempos. Não é comum a pessoa ser multada por excesso de velocidade ou por ter avançado um sinal vermelho, por estar com pressa? Gerenciar o tempo e andar sem pressa podem evitar isso. Não é comum a pessoa pagar multa por atraso no pagamento, ou juros no cheque especial, ou pagar mais caro por um produto na loja da esquina, que ela poderia ter comprado mais barato em outro lugar? Gerenciar os gastos pode evitar essa despesa extra. E, convenhamos, isso não está nas mãos de Deus.

Este livro foi composto com tipografia Bembo e impresso
em papel Off-White 90 g/m² na Formato Artes Gráficas.